사회복지 회계입문

기현희 · 김혜경

교육과학사

머리말

우리나라의 사회복지법인 재무 · 회계규칙은 그 회계의 방법(제23조)에서 「회계는 단식부기에 의하되 다만, 법인회계와 수익사업회계에 있어서 복식부기의 필요가 있는 경우에는 복식부기에 의한다」라고 규정하고 있다.

위의 규정에 따라 현재 대부분의 사회복지기관의 회계는 예산에 기초한 현금주의의 단식부기 수준에 머물러 있다. 하지만 단식부기는 사회복지법인 재정의 총괄적 · 체계적 현황파악을 하기 어렵고, 자산 · 부채에 대한 명확한 인식에 한계가 있으며, 오류에 대한 자기검증 및 회계간의 연계성 분석기능이 결여되어 있는 등 사회복지법인의 자산보호와 운영시스템에 있어 미흡하다. 뿐만 아니라 많은 이해관계자에게 신뢰성을 제공해 줄 수 없는 한계점을 안고 있다.

민주주의 국가에서 정부는 유권자, 납세자, 의회 등에 대하여 공공책임을 지기 때문에 이들 이해관계자집단에 대한 공공책임을 이행하여야 하며, 그 결과를 보고하는 공공 회계책임을 갖고 있는데 이러한 정부기관이 2007년부터 회계방식을 복식회계로 전면실시를 예정하고 있다. 사회복지기관은 공익성과 공공성이 다른 어떤 기관보다 높다. 이로 인해 사회복지기관의 운영실태가 사회적인 문제로 제기되고 있고 자원제공자, 수혜자, 규제기관 등 사회복지기관의 이해관계자들에게 기관운영에 대한 유용하고 투명한 정보를 제공하기 위한 회계시스템이 필요하다.

사회복지기관 및 법인은 복식회계제도를 도입함으로써 종합적인 재정관리가 가능하고 다양한 회계정보의 산출로 재정의 투명성 및 위기의 사전예측과 복지법인의 예산운영에 대한 국민의 관심도를 높일 수 있고 복지법인의 재정정보에 대한 투명성 및 신뢰성을 확보할 수 있다.

이에 본서에서는 제1장에 사회복지법인 회계실태와 특수성을 살펴본 뒤, 사회복지기관 및 법인이 복식회계로의 전환에 도움이 될 수 있도록 복식부기에 의한 회계순환과정과 복식부기에 의해 작성된 재무제표의 이용방법을 제 2, 3, 4장에 걸쳐 소개하였다. 제5, 6장에서는 사회복지법인의 회계 실무상의 특징과 사회복지법인의 일상적인 거래의 복식회계처리 및 계정과목을 설명하여 사회복지법인 및 기관들이 복식회계로의 전환에 도움을 주고자 하였다.

사회복지기관 및 법인의 회계담당자가 회계학을 처음 대하더라도 쉽게 이해할 수 있도록 설명하려고 노력하였으며 현재 복식회계를 사용하고 있는 기관 및 법인의 실례를 들어 설명 하려 노력하였으나 부족한 부분에 대해서는 독자 여러분의 많은 충고와 질책을 바라며 이를 토대로 계속 보완해 나가고자 한다.

2006. 2

저자

차 례

제3장 회계순환과정(2)

제4장 재무제표분석

제5장 사회복지법인의 회계 실무상 특징

제6장 사회복지법인의 일상적인 거래의 복식회계처리 및 계정과목 설명

제7장 사회복지법인의 수익사업회계

부록

1 사회복지기관의 회계실태 및 회계의 특수성

제1절 사회복지사업과 사회복지기관

1. 사회복지사업의 정의

사회복지사업의 정의를 살펴보면, 사회복지사업[1]은 법률에 의한 보호·선도 또는 복지에 관한 사업과 사회복지상담·부랑인 및 노숙인보호·직업보도·무료숙박·지역사회복지·의료복지·재가복지·사회복지관운영·정신질환자 및 한센병력자 사회복귀에 관한 사업 등 각종 복지사업과 이와 관련된 자원봉사활동 및 복지시설의 운영 또는 지원을 목적으로 하는 사업을 말한다.

"사회복지법인"은 사회복지사업을 행할 목적으로 설립된 법인을 말하며 사회복지사업법 제16조에 의거하여 설립되는 법인으로 사법인이면서 비영리 공

1) 사회복지사업법 제2조

익법인이며, 재단법인의 성격을 동시에 지닌다고 볼 수 있다. 이러한 사회복지법인의 성격을 고려하여 공익성과 공공성이 강한 사회복지사업의 건실한 수행을 위해 법인의 설립 · 변경 · 소멸 및 지도, 감독 등에 관한 사항을 사회복지사업법 등에 명시하고 있다. 나아가 사회복지법인은 사회복지시설을 설치 · 운영하는 법인과 사회복지사업을 지원하는 법인으로 분류할 수 있다. 사회복지사업을 행할 목적으로 설치된 시설은 "사회복지시설"로 분류되며, 사회복지시설을 거점으로 하여 중앙정부, 지방자치단체 및 민간이 공급주체가 되어 국민에게 상담, 재활, 직업소개 및 지도, 사회복지시설의 이용 등을 제공하여 정상적인 사회생활이 가능하도록 제도적으로 지원하는 것이 "사회복지서비스"이다.

2. 사회복지기관

사회복지기관은 사회복지사업을 행할 목적으로 설립된 기관을 말한다. 사회복지기관은 개인으로부터 시작하여 각종 사회단체 또는 국가에 이르기까지 다양한 주체가 참여하고 있다. 따라서 사회복지기관의 활동은 개인 · 단체의 자발적인 활동부터 시작하여 국가의 강제적 활동까지 포함된다.

따라서 사회복지기관의 성립은 그 형태에 있어서 단체 또는 법인의 형태로 성립되고, 각기 사회복지사업의 대상 및 목적에 따라서 아동복지기관, 노인복지기관, 장애자복지기관, 부녀복지기관, 정신보건복지시설, 부랑 · 노숙인시설 등의 복지기관 등으로 나눌 수 있다.

제2절 사회복지법인의 특징 및 회계실태

1. 사회복지법인의 특수성

사회복지법인의 두드러진 특징은 영리를 추구하지 않는 정부기관 등과 같은 대표적인 비영리법인이라는 점이다. 영리[2]를 목적으로 하는 법인은 수익사업과 비수익사업을 불문하고 당해 법인에 귀속되는 모든 소득에 대하여 법인세의 납세의무가 있다. 이에 반하여 학술・종교・자선 등과 같은 비영리목적으로 설립된 법인은 수익사업에서 발생된 소득에 대하여만 법인세의 납세의무를 진다. 이 경우 수익사업이라 함은 비영리법인의 정관상에 규정된 목적사업과는 상관없이 법인세법상에 규정된 수익사업을 의미한다.

사회복지기관의 회계특징을 다른 비영리기관과의 공통점・상이점 및 회계행위로 나누어서 살펴보면 다음과 같이 정리할 수 있다.

(1) 타 비영리기관과의 공통점

사회복지기관의 회계는 다음과 같이 비영리회계의 특징을 지니고 있다.

① 사회복지기관의 회계는 공공성・사회성에 기초하여 일방적으로 소비・지출하는 비영리회계이다.

② 사회복지기관의 회계는 비영리회계로서, 사적 소유에 속하는 지분이 있을 수 없다. 그러므로 복지기관의 자산・부채・기금은 모두 당해 기관의 실체에 귀속된다.

2) 영리성의 판단기준 : 영리법인은 발생이윤을 구성원에게 분배하나, 비영리법인은 이윤을 구성원에게 분배할 수 없고 고유목적에 사용해야 한다.

③ 사적 소유에 속하는 지분이 없으므로 지분의 매매 · 교환 · 상속 등이 이루어질 수 없으며 배당, 잔여재산의 분배 기타 재산상의 편익을 어느 누구도 기대할 수 없다.

④ 사회복지기관의 회계는 당해 사회복지사업을 영속적으로 수행할 수 있도록 회계시스템을 통하여 당해 복지사업을 촉진하게 하고 유용한 회계정보의 생산과 제공으로 사회적 · 공공적인 효과를 달성하게 하는 비영리회계이다.

(2) 타 비영리기관과의 상이점

사회복지기관의 회계는 다른 비영리기관의 회계에 비하여 다음과 같은 특징을 지니고 있다.

① 노인 · 아동 · 부녀자 및 심신장애자 등 사회적 취약계층과 사회경제적인 여건의 변화로 파생된 소외계층을 대상으로 부양 · 양육 · 교육 · 의료재활 또는 직업보도와 고충상담 등의 사업을 통하여 그들의 복지를 증진하는 사회복지기관을 회계실체로 하여 성립되는 회계이다.

② 사회복지사업과 관련된 사회복지기관의 의사결정을 위하여 유용한 정보를 제공하는 회계이다.

③ 개인 · 사회단체 또는 정부로부터 경제적 자원의 사용 · 관리를 위탁받은 사회복지 경영자가 그 자원을 위탁한 개인 · 사회단체 또는 정부에 대하여 책임수행의 보고를 하는 회계이다.

2. 사회복지법인의 공익성

공익성을 갖는 복지법인은 회계기록도 신뢰성 확보를 위해 복식회계가 요구되며 이러한 복지법인이 공익성을 갖는 근거로서 다음의 두 가지를 들 수 있다.

첫째, 복지법인의 설립목적은 복지법인을 설치, 경영하는데 있으며 복지법인은 법인 설립자의 경제적 이익을 위해 운영되는 것이 아니고 국가와 사회전체의 복지를 위해 설립된 조직체이다. 그러므로 이들 법인을 설치 운영 및 경영하는 복지법인은 공익성이 우선적으로 인정되고 있다.

둘째, 사회적, 경제적 이해관계자의 부재를 들 수 있다. 이익추구가 목적인 기업 조직에 있어서는 기업외부에 주주, 채권자 및 세무당국과 같은 이해 당사자가 존재하여 당해 기업의 경영성과에 대하여 이해관계자로서의 법적인 지위(장부열람권 등)를 갖는다. 그러나 복지법인은 많은 이해 관계자가 있지만 직접적으로 경제적 이해관계를 갖는 개인이나 집단은 아니다.

또한 복지법인은 사회 공공의 복리를 위해 경영되고 있으며 국가나 지방자치단체가 수행해야 할 의무에 대해 상당부분을 복지법인이 담당하고 있다. 따라서 복지법인에 대한 정부의 지원이 확대되어야 한다는 공감대가 최근 급속히 확산되고 있다.

3. 사회복지기관의 회계실태 및 복식부기도입의 필요성

사회복지법인 재무 · 회계규칙은 그 회계의 방법(제23조)에서 「회계는 단식부기에 의하되 다만, 법인회계와 수익사업회계에 있어서 복식부기의 필요가 있는 경우에는 복식부기에 의한다」라고 규정하고 있다.

위의 규정에 따라 현재 우리나라 대부분의 사회복지기관의 회계는 예산에 기초한 현금주의의 단식부기 수준에 머물러 있다. 하지만 단식부기는 사회복지법인 재정의 총괄적 · 체계적 현황을 파악하기 어렵고, 자산 · 부채에 대한 명확한 인식에 한계가 있으며, 오류에 대한 자기검증 및 회계간의 연계성 분석기능이 결여되어 있는 등 사회복지법인의 자산보호와 운영시스템에 있어 미흡하다. 뿐만 아니라 많은 이해관계자에게 신뢰성을 제공해 줄 수 없는 한계점을 안고 있다.

민주주의 국가에서 정부는 유권자, 납세자, 의회 등에 대하여 공공책임을 지기 때문에 이들 이해관계자 집단에 대한 공공책임을 이행하여야 하며, 그 결과를 보고하는 공공 회계책임(public accountability)을 부담하고 있다. 특히 우리나라의 경우 1990년대 이후 지방자치제의 전면실시로 지방정부의 업무와 역할이 더욱 관심의 대상이 되고 있고 , 복지영역에 민간의 참여가 확대되는 추세에 있는 현실을 감안하면 사회복지법인도 그 특수성에 비추어 발생주의에 의한 복식회계의 도입이 시급히 요구되고 있다.

사회복지기관은 공익성과 공공성이 다른 어떤 기관보다 높다. 이로 인해 사회복지기관의 운영실태가 사회적인 문제로 제기되고 있고 자원제공자, 수혜자, 규제기관 등 사회복지기관의 이해관계자들에게 기관운영에 대한 유용하고 투명한 정보를 제공하기 위한 회계시스템의 구축이 일차적으로 요구되고 있다.

그렇다면 복식부기도입의 기대효과는 어떤 것이 있는지 요약하면 다음과 같다. 복식부기 회계제도를 도입시 가장 기본적으로 자산, 부채, 수익, 비용 등 재정상황의 체계적 · 종합적 관리를 통해 건전성 및 효율성을 확보할 수 있다는 장점이 있으며, 재정운영과 관련해서는 다음과 같은 구체적인 효과가 있다.

첫째, 복식부기 회계시스템을 통해 시기별 사업추진의 우선순위, 은행의 일시차입, 세수결함이 예상되는 경우 불요불급한 사업의 중단 · 변경 등 재정조치를 적절한 시기에 취할 수 있도록 자금배정, 현금흐름, 자산상태 등 종합적 재정정보를 신속히 제공받을 수 있다.

둘째, 자산계정 관리를 통해 자산의 취득, 처분시점은 물론 자산보유 중에도 감가상각 등을 인식하여 전체자산의 상태와 변동상황에 대한 체계적 관리가 가능하다.

셋째, 복식부기 회계에 의한 원가개념 도입으로 성과측정이 가능하여 성과주의 예산제도의 도입을 가능케 하고 이에 따라 법인의 회계투명성이 증대될 것으로 기대한다.

넷째, 본격적인 복식부기 회계시스템 구축을 통해 조직 구성원 등의 회계적 마인드가 향상되어 원가절감, 업무처리 시간의 단축, 대 주민서비스의 질 향상 등 보이지 않는 회계시스템의 역할을 기대할 수 있다.

따라서 회계제도의 개혁을 위해 복식회계제도를 도입함으로써 종합적인 재정관리가 가능하고 다양한 회계정보의 산출로 재정의 투명성 및 위기의 사전 예측과 복지법인의 예산운영에 대한 국민의 관심도를 높일 수 있다. 또한 복지법인의 효율적이고 투명한 예산집행으로 복지법인의 자산 · 부채에 대한 체계적 관리 및 장기적 · 미래지향적 재정관리는 물론 복지법인의 생산성 제고를 위한 회계정보의 제공 및 복지법인의 재정 정보에 대한 투명성 및 신뢰성 확보를 제고하여 관계자의 관심을 높일 수 있다.

비영리기관의 대표격인 정부기관 및 지방자치단체는 회계제도를 복식부기로 이행하고 있으며 2007년부터는 복식부기의 전면적 실시를 예정하고 있다. 이에 따라 정부의 보조금 및 지원과 지방자치단체의 지도나 보호를 받고 있는 사회복지 법인도 재무와 회계부문의 효율성, 투명성 및 생산성의 재고와 운영 시스템의 개선방안의 일환으로 발생주의 복식부기제도의 도입이 요구되고 있다. 본 교재의 제2장과 3장에서 복식부기에 의한 최초의 회계처리에서부터 재무제표작성까지의 과정을, 5장과 6장에서는 사회복지기관 및 법인에 필요한 재무제표와 일상적인 거래의 복시회계처리 및 계정과목을 살펴본다.

2 복식부기에 의한 회계순환과정(1)

제1절 회계정보의 산출과정

회계의 목적은 정보이용자들의 경제적 의사결정에 유용한 정보를 제공하는 것이다. 모든 기업은 회계상의 거래를 인식·기록하여 재무제표를 작성하기까지 일련의 회계처리과정을 따르게 되는데, 이러한 일련의 회계처리과정을 회계순환과정(accounting cycle)이라고 한다. 회계정보는 이러한 회계순환과정을 거침으로써 산출되며, 회계순환과정은 다음과 같이 요약할 수 있다.

<그림 2-1> 회계정보의 산출과정

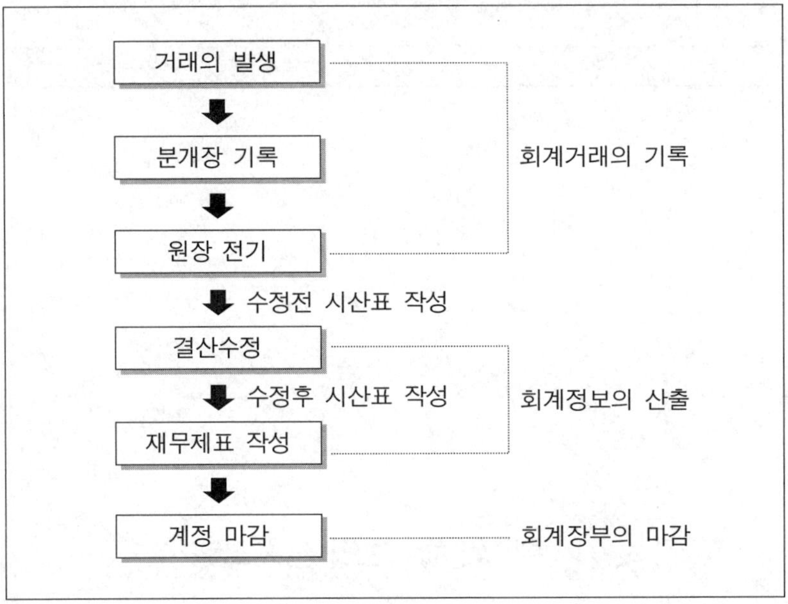

본 장에서는 거래의 인식에서 원장에 전기하기까지의 회계거래의 기록과정을 다루고, 시산표 작성에서부터 재무제표를 작성한 후 계정을 마감하는 과정은 3장에서 다루기로 한다.

제2절 거 래

1. 거래의 의의

기업이 경영활동을 계속하게 되면 자산, 부채, 자본의 증감변화와 더불어 수익과 비용이 발생하게 된다. 이와 같이 자산, 부채, 자본의 증감과 수익, 비용을 발생하게 하는 일련의 경제적 사건들(economic events)을 회계상의 거래(accounting transaction)라고 한다. 이러한 회계상의 거래들은 결과적으로 기업의 재무상태와 경영성과에 영향을 미치기 때문에 그 변동의 정도를 정확하게 장부상에 기입하여야 한다.

2. 회계상 거래의 특징

(1) 거래의 이중성

회계상 기록 대상이 되는 거래는 자산, 부채, 자본의 증감이나 비용, 수익의 발생과 같은 요소들이 서로 결합하여 일어나게 된다. 예를 들어 현금 ₩10,000,000을 지급하고 토지를 매입한 경우, 토지이라는 자산이 ₩10,000,000만큼 증가하고, 다른 한편에서는 현금이라는 자산이 ₩10,000,000 만큼 감소하게 된다. 이처럼 회계상 거래는 반드시 양쪽에 같은 크기의 변동을 가져오게 되는데, 이것을 거래의 이중성(a dual aspect of an accounting transaction)이라고 한다.

(2) 자기검증기능

복식부기는 회계상의 거래를 회계등식(혹은 대차대조표 등식)이 유지되도록 조직적으로 기록, 계산하게 되며, 기록 및 계산상의 누락이나 오류를 자동적으로 검증해 주는 기능을 가지고 있다.

예를 들어 A상회가 차량운반구 ₩500,000을 외상으로 매입하였다면 차량운반구라는 자산의 증가와 미지급금이라는 부채의 증가가 동시에 기록되어 회계등식의 왼쪽과 오른쪽에 동일한 금액의 증가가 나타남으로써 회계등식이

유지된다.

그러므로 복식부기원리에 따라 회계상의 거래를 처리할 경우 기록, 계산상의 오류나 누락을 자동적으로 발견할 수 있도록 해준다. 이러한 기능을 복식부기의 자기검증기능이라고 한다.

3. 거래요소의 결합관계

수많은 회계상의 거래들을 복식부기의 원리에 따라 회계장부에 효율적이고 체계적으로 기록하기 위해서는 거래의 유형을 분석하여 기록방법을 정형화할 필요가 있다. 즉 회계상의 거래들은 거래의 이중성에 의하여 회계등식의 왼쪽(자산)과 오른쪽(부채 + 자본)에 동일한 금액의 증감변화를 가져오는데, 이러한 증감변화를 가져오는 요인들을 요약 · 정리하여 공식화함으로써 실제로 거래가 발생하였을 때 공식화된 방법에 의하여 각각 회계장부에 기록하는 것이 편리할 것이다.

기업에서 발생하는 거래의 유형에는 여러 가지가 있으나 결국 자산의 증가, 자산의 감소, 부채의 증가, 부채의 감소, 자본의 증가, 자본의 감소, 수익의 발생(자본의 증가와 같은 효과), 비용의 발생(자본의 감소와 같은 효과) 등과 같은 8개의 요인으로 분해되어 왼쪽과 오른쪽에서 각각 증감변동을 가져오게 된다. 이러한 8개의 요인들을 거래의 8요소(the eight elements of transaction)라고 한다.

거래의 8요소는 왼쪽 요소 4가지와 오른쪽 요소 4가지로 구성되는데, 이들 왼쪽 요소와 오른쪽 요소가 결합함으로써 구체적인 거래의 형태가 되는 것이다. 거래의 8요소가 여러 가지 조합을 이루는 관계를 살펴보면 <표 2-1>과 같다.

<표 2-1> 거래요소의 결합관계

왼쪽(차변) 요소	오른쪽(대변) 요소
자산의 증가	자산의 감소
부채의 감소	부채의 증가
자본의 감소	자본의 증가
비용의 발생	수익의 발생

위의 <표 2-1>에서 왼쪽을 차변(debtor, Dr)이라 하고 오른쪽(creditor, Cr)을 대변이라고 하는데, 모든 거래는 반드시 차변요소와 대변요소가 여러 가지 형태로 결합하여 나타난다. 회계상의 모든 거래는 거래의 8요소 중에서 구성되며 거래요소의 결합관계는 왼쪽(차변) 요소와 오른쪽(대변) 요소로 결합되는데, 이때 왼쪽 요소끼리 또는 오른쪽 요소끼리 상호결합하여 거래가 발생하는 경우는 있을 수 없다. 또한 거래는 반드시 왼쪽 요소와 오른쪽 요소가 하나씩만 결합하는 것이 아니라 양쪽이 상호 하나 이상의 요소가 결합하는 경우도 많다.

이상에서 설명한 거래요소의 결합관계를 구체적으로 살펴보면 다음과 같다. 여기서 점선으로 표시된 거래의 결합관계는 일상의 영업활동에서 자주 발생하지 않는 결합형태이다.

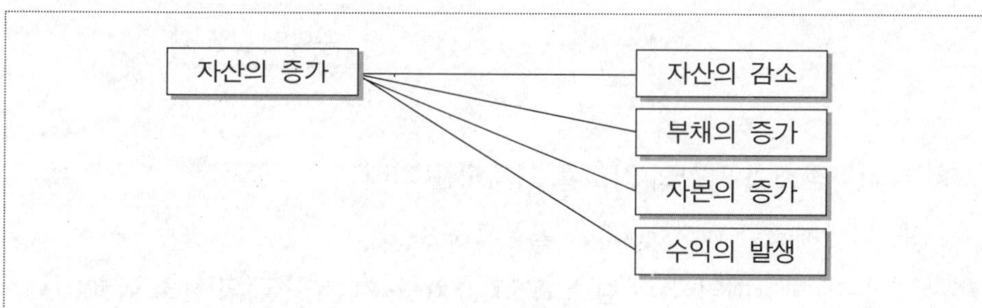

1) 자산의 증가와 자산의 감소를 가져오는 거래

예) 토지 ₩10,000,000을 현금 지급하고 구입하다.

자산(토지)의 증가 ₩10,000,000 — 자산(현금)의 감소 ₩10,000,000

2) 자산의 증가와 부채의 증가를 가져오는 거래

예) 비품 ₩500,000을 외상으로 매입하다.

자산(비품)의 증가 ₩500,000 — 부채(미지급금)의 증가 ₩500,000

3) 자산의 증가와 자본의 증가를 가져오는 거래

예) 현금 ₩1,000,000을 출자하여 영업을 개시한다.

자산(현금)의 증가 ₩1,000,000 — 자본(자본금)의 증가 ₩1,000,000

4) 자산의 증가와 수익의 발생을 가져오는 거래

예) 단기대여금에 대한 이자 ₩50,000을 현금으로 받다.

자산(현금)의 증가 ₩50,000 — 수익(이자수익)의 발생 ₩50,000

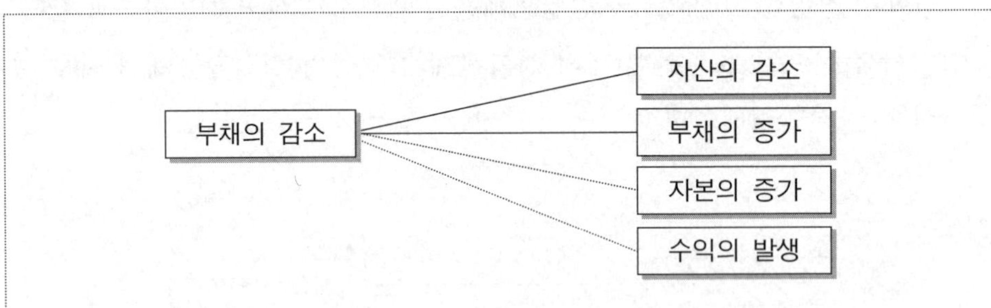

5) 부채의 감소와 자산의 감소를 가져오는 거래

예) 외상매입금 ₩500,000을 현금으로 갚다.

부채(외상매입금)의 감소 ₩500,000 — 자산(현금)의 감소 ₩500,000

6) 부채의 감소와 부채의 증가를 가져오는 거래

예) 외상매입금 ₩350,000을 약속어음을 발행하여 갚다.

부채(외상매입금)의 감소 ₩350,000 — 부채(지급어음)의 증가 ₩350,000

7) 부채의 감소와 자본의 증가를 가져오는 거래

예) 전환사채 ₩500,000을 자본금으로 전환하여 주다.

부채(사채)의 감소 ₩500,000 — 자본(자본금)의 증가 ₩500,000

8) 부채의 감소와 수익의 발생을 가져오는 거래

예) 채권자로부터 차입금 ₩500,000의 상환을 면제받다.

부채(차입금)의 감소 ₩500,000 — 수익(채무면제이익)의 발생 ₩500,000

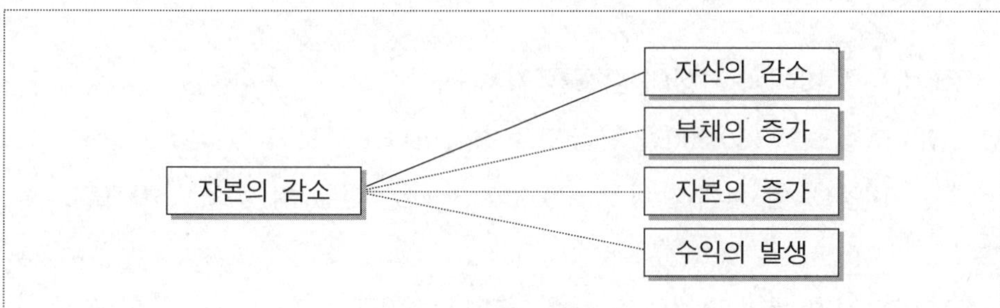

9) 자본의 감소와 자산 감소를 가져오는 거래

예) 출자한 자본금 중 ₩500,000을 현금으로 인출해 가다.

자본(자본금)의 감소 ₩500,000 — 자산(현금)의 감소 ₩500,000

10) 자본의 감소와 부채의 증가를 가져오는 거래

예) 자본주가 퇴사하면서 출자금 ₩200,000을 인출해 가지 않고 차입금으로 대체하다.

자본(자본금)의 감소 ₩200,000 — 부채(차입금)의 증가 ₩200,000

11) 자본의 감소와 자본의 증가를 가져오는 거래

예) 갑의 출자금 ₩500,000을 을의 출자금으로 대체하다.

자본(갑 자본금)의 감소 ₩500,000 — 자본(을 자본금)의 증가 ₩500,000

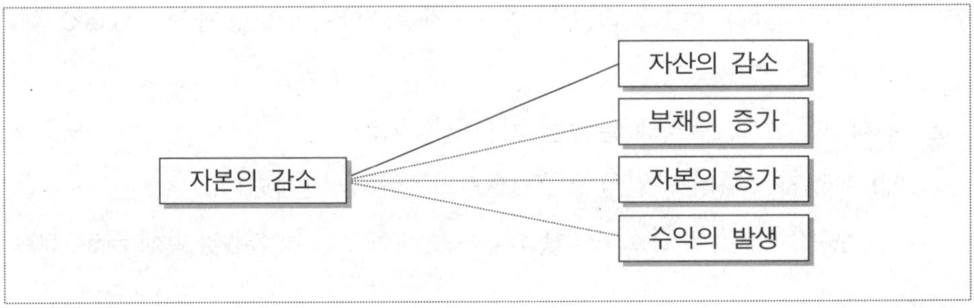

12) 비용의 발생과 자산의 감소를 가져오는 거래

예) 보험료 ₩100,000을 현금으로 지급하다.

비용(보험료)의 발생 ₩100,000 — 자산(현금)의 감소 ₩100,000

13) 비용의 발생과 부채의 증가를 가져오는 거래

예) 당기분 급여 ₩300,000이 발생하였으나, 기말 현재 지급하지 않았다.

비용(급여)의 발생 ₩300,000 — 부채(미지급비용)의 증가 ₩300,000

예제1 거래요소의 결합관계

• 다음은 B상회의 2006년 5월 중의 거래들이다. 이들 거래들의 결합관계를 회계등식을 이용하여 표시하라.

1. 현금 ₩30,000,000을 출자하여 영업을 개시하다.
2. 상품 ₩500,000을 외상으로 매입하다.
3. 은행으로부터 ₩1,000,000을 단기차입하다.

4. 비품 ₩1,000,000을 매입하고 대금은 현금으로 지급하다.
5. 외상매입금 ₩500,000을 현금으로 지급하다.
6. 종업원 급여 ₩1,500,000을 현금으로 지급하다.
7. 원가 ₩250,000인 상품을 ₩800,000에 외상으로 판매하다.
8. 단기차입금 ₩1,000,000과 이자비용 ₩50,000을 현금으로 갚다.

해답

1. 자산(현금)의 증가 ₩30,000,000 - 자본(자본금)의 증가 ₩30,000,000

2. 자산(상품)의 증가 ₩500,000 - 부채(외상매입금)의 증가 ₩500,000

* 상품 계정 대신 매입을 사용할 수도 있음(3분법 사용시)

3. 자산(현금)의 증가 ₩1,000,000 - 부채(단기차입금)의 증가 ₩1,000,000

4. 자산(비품)의 증가 ₩1,000,000 - 자산(현금)의 감소 ₩1,000,000

5. 부채(외상매입금)의 감소 ₩500,000 - 자산(현금)의 감소 ₩500,000

6. 비용(급여)의 발생 ₩1,500,000 - 자산(현금)의 감소 ₩1,500,000

7. 자산(외상매출금)의 증가 ₩80,000 - 수익(매출)의 발생 ₩800,000

8. 부채(단기차입금)의 감소 ₩1,000,000 - 자산(현금)의 감소 ₩1,050,000
비용(이자비용)의 발생 ₩50,000

	자산			=	부채	+	자본
	현 금	외상매출금	상 품	비 품	외상매입금	단기차입금	자본금
1	+ 30,000,000						+ 30,000,000
2			+ 500,000		+ 500,000		
3	+1,000,000					+1,000,000	
4	− 10,000,000			+ 10,000,000			
5	− 500,000				− 500,000		
6	− 1,500,000						− 1,500,000 (급여)
7		+ 800,000	− 250,000				+ 550,000 (상품매출이익)
8	1,050,000					− 1,000,000	− 50,000 (이자비용)
	17,950,000 +	800,000 +	250,000 +	10,000,000 =			29,000,000

제3절 계정과 계정기입법

1. 계정의 의의

매일 발생하는 복잡한 거래내용을 분석하고 기업의 자산, 부채, 자본의 증감 변동과 수익, 비용의 발생 내용에 대하여 명료하게 기록하기 위하여 구체적인 항목별로 설정되는 기록 · 계산의 단위를 계정(account, a/c)이라고 한다. 그리고 현금계정, 매출채권계정, 상품계정과 같이 계정에 부여된 각 거래요소의 구체적인 명칭을 계정과목(title of account)이라고 한다.

계정과목은 기업이 속한 업종의 특성이나 기업규모 또는 그 조직의 관행에 따라 설정할 수 있는데, 다음과 같은 점에 유의하여 설정하여야 한다.

첫째, 설정하는 계정과목은 그 계정에 기입되는 거래의 내용을 명확히 나타내도록 정한다. 둘째, 일단 설정한 계정과목은 특별한 이유가 없는 한 함부로 변경해서는 안된다. 셋째, 거래가 자주 발생하고 금액이 큰 것은 세분하고, 그렇지 않은 것은 통합하여 설정한다. 이상에서 설명한 요건 이외에 회계담당자는 기업회계기준의 여러 규정들과 관련 기업의 관행을 고려하여 자기 회사에 적합한 계정과목을 설정하여야 한다.

2. 계정의 분류

계정은 여러 가지 기준에 의하여 분류될 수 있으나 일반적으로 대차대조표계정(balance sheet account)과 손익계산서계정(income statement account)으로 분류된다.

(1) 대차대조표와 대차대조표계정

대차대조표(balance sheet : B/S)란 기업의 일정시점에서의 재무상태, 즉 자산, 부채, 자본의 상태를 나타내는 표이다. 대차대조표의 기본양식을 공식으로 나타내면 다음과 같다.

자산 = 부채 + 자본

대차대조표계정은 자산, 부채, 자본의 계정으로 이루어져 있는데 이에 대한 개념을 정리하여 보면 다음과 같다

① 자산(계정) : 기업이 경영활동을 하기 위해서는 현금, 상품, 비품, 건물, 토지 등의 재화가 필요하며, 그 경영활동에 따라서 각종의 채권을 가지는 경우가 있다. 여기서 상품을 외상으로 판매한 경우에 발생하는 채권을 매출채권이라 하고 현금을 다른 사람에게 빌려 준 경우에 생기는 채권을 대여금이라고 부른다. 이와 같이 기업이 소유하고 있는 현금, 상품, 비품, 건물, 토지 등의 재화와 매출채권, 대여금 등의 채권을 자산이라고 하며 이들 각 자산의 항목을 계정이라고 한다.

② 부채(계정) : 기업은 경영활동에 따라서 미래의 어느 시점에 제3자에게 현금을 지급해야 하는 채무를 가지는 경우가 있다. 여기에서 상품을 외상으로 매입한 경우에 발생하는 채무를 매입채무라고 하고, 다른 사람이나 은행으로부터 현금을 차용한 경우에 발생하는 채무를 차입금이라고 한다. 매입채무나 차입금은 미래에 현금으로 상환해야 할 의무이다. 이와 같이 기업이 미래에 일정한 금액을 갚아야 할 채무를 부채라고 하며 이러한 부채항목을 부채계정이라고 한다.

③ 자본(계정) : 자산의 총액에서 부채의 총액을 차감한 잔액을 순자산이라

고 하는데 이 순자산액을 자본이라고 한다. 즉, 자본은 기업이 가지고 있는 자산에서 채권자에게 갚아야 할 부채를 차감한 금액을 말한다. 이것은 다음과 같은 등식으로 나타낼 수 있다. 자산 – 부채=자본 자본은 다시 자본금, 자본잉여금, 이익잉여금의 항목으로 나뉘고 이들 항목이 더 세분되는데 이러한 세분된 자본의 항목을 자본계정이라고 한다.

이러한 기업의 재무상태의 구성요소인 자산, 부채, 자본의 구성요소들은 기업이 경영활동을 하는 과정에서 끊임없이 변동한다. 따라서 이들의 증감변화를 일정한 원리(복식부기원리)에 의하여 기록 정리하여 기업의 재무상태를 표시하는 일람표가 대차대조표이다.

(2) 손익계산서와 손익계산서계정

손익계산서는 기업의 일정기간 동안의 경영성과를 나타내는 표인데 이는 수익과 비용으로 구성되어 있다. 기업의 일정기간 동안의 경영성과는 이익의 크기로써 판단할 수 있으며 이는 수익에서 비용을 차감하여 측정된다. 이익은 수익이 비용보다 더 클 경우에 발생하며 반대로 비용이 수익을 초과하는 경우에는 손실이 발생한다. 이를 식으로 표현하면 다음과 같다.

수익 – 비용 = 순이익
비용 – 수익 = 순손실

이익(또는 손실)은 수익과 비용을 측정한 후에 이를 상호 비교하여 계산하는데 수익 비용의 개념을 정리하여 보면 다음과 같다.

① 수익(계정) : 수익이란 영업활동에서 고객에게 상품을 판매하고 얻은 수익, 용역을 제공하고 얻은 수수료, 은행예금에 대한 수입이자 등 일정기간 동안 상품 또는 서비스를 제공하고 그 대가로 획득한 금액을 말한다. 여기에서 고객에게 상품을 판매하고 얻은 수익을 매출액이라고 하며, 상품매매에 따른 중개수수료 수입 등 용역을 제공하고 얻은 수익을 수수료수익이라 하고, 은행예금에 대한 수입이자를 이자수익이라고 부른다. 이러한 수익의 구체적인 항목을 수익계정이라고 한다.

② 비용(계정) : 비용이란 고객에게 판매한 상품의 원가나 종업원에 대한 급료 지급액, 차입금에 대한 지급이자 등 일정기간 동안 수익을 얻기 위하여 사용 또는 소비한 자산이나 서비스의 원가를 말한다. 고객에게 판매한 상품의 원가를 매출원가, 종업원에 대한 급료 지급액을 급여, 기업의 상품에 대한 광고선전활동을 위하여 지출한 비용을 광고선전비, 차입금에 대한 지급이자를 이자비용, 종이, 볼펜 등의 사무용 소모품비 지출액을 소모품비, 사무실 건물에 대한 임차료 지급액을 임차료의 비용항목으로 계산하고, 이러한 구체적인 비용항목을 비용계정이라고 부른다.

3. 계정의 양식

계정의 양식에는 표준식(standard form)과 잔액식(balance form)의 두 가지가 있으며, 현행 회계실무에서는 주로 잔액식이 많이 이용되지만 회계를 학습하는 과정에서는 표준식이 많이 사용된다.

<표 2-2> 계정의 양식

– 표준식 –

○ ○ 계정

차 변	분면	적 요	분면	대 변
①	②	③		

– 잔액식 –

○ ○ 계정

적 요	분면	차 변	대 변	차 또는 대	잔 액
③	②	①	①	④	

① 거래금액
② 분개장의 쪽수(page)
③ 상대계정과목 기입
④ 잔액이 차변에 있으면 '차', 대변에 있으면 '대'라고 기입

표준식은 계정계좌를 왼쪽과 오른쪽으로 똑같이 나누어 거래의 차 · 대변의 기록을 간편하게 할 수 있도록 되어 있으나, 계정잔액을 수시로 파악할 수 없다는 단점이 있다. 잔액식은 계정계좌에 잔액란이 설정되어 있어서 언제나 계정잔액을 알 수 있는 장점이 있다.

그러나 위에서 설명한 양식과는 달리 기장연습을 한다든가 회계원리를 학습하는 과정에서는 흔히 다음과 같은 표준식 계정을 약식으로 그린 T자 모양의 'T계정'을 만들어 사용하고 있다.

○ ○ 계정

차변(Dr)	대변(Cr)

4. 계정기입의 방법

거래가 발생하였을 경우 계정에의 기록은 불규칙하게 이루어지는 것이 아니라 일정한 법칙에 의하여 이루어지게 되는데 이러한 기입법칙을 계정기입법이라고 한다. 계정기입법은 거래요소의 결합관계에서 분석된 내용들을 계정기입에 적용하는 것에 불과하다. 즉 자산계정은 대차대조표의 차변 구성항목으로 그 잔액이 차변에 표시되므로 자산의 증가는 그 계정의 차변에 기입하고, 감소는 그 반대쪽인 대변에 기입한다. 이와 같은 원리에 따르면 부채 및 자본계정은 대차대조표의 대변 구성항목이므로 그 잔액이 대변에 표시되고 부채 및 자본의 증가는 그 계정의 대변에 기입하고, 감소는 차변에 기입한다. 그리고 일정시점에서의 자산, 부채, 자본계정의 잔액을 하나의 표에 집계하면 대차대조표가 된다.

<표 2-3> 대차대조표계정의 기입방법

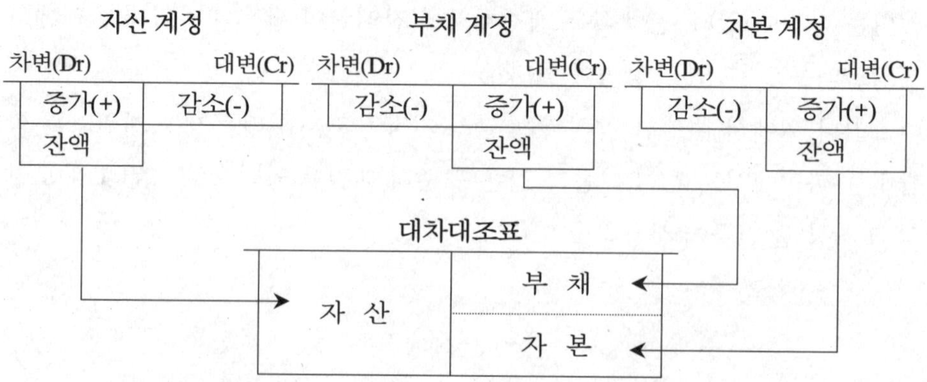

또한 수익의 발생은 결과적으로 자본의 증가를 가져오므로 자본계정의 기입과 마찬가지로 수익계정의 대변에 기입하고, 비용의 발생은 수익의 발생과는 정반대로 자본의 감소를 가져오게 되므로 비용계정의 차변에 기입한다. 따

라서 수익과 비용의 발생액을 하나의 표에 집계하면 손익계산서가 작성되는 것이다.

<표 2-4> 손익계산서계정의 기입방법

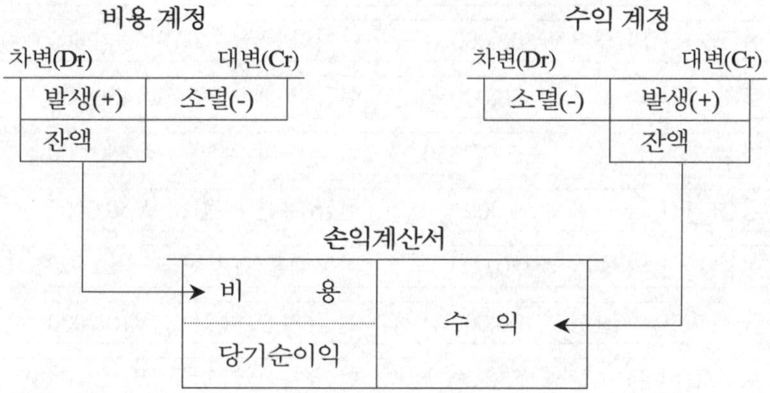

예제3 계정기입방법

• 다음은 천안상회의 2006년 5월중의 거래들이다. 거래요소의 결합관계를 표시하고 계정기입방법에 따라 해당 계정에 날짜와 금액을 기입하라.

5월 1일 현금 ₩1,5000,000을 출자하여 영업을 개시하다.
5월 3일 상품 ₩350,000을 현금으로 매입하다.
5월 6일 은행으로부터 ₩500,000을 단기차입하다.
5월 8일 영업용 토지 ₩450,000을 현금으로 구입하다.
5월 13일 원가 ₩240,000인 상품을 ₩350,000에 외상으로 판매하다.
5월 19일 비품 ₩50,000을 현금으로 구입하다.
5월 20일 외상매출금 ₩350,000을 현금으로 받다.
5월 21일 종업원 급여 ₩100,000을 현금으로 지급하다.
5월 26일 보험료 ₩50,000을 현금으로 지급하다.
5월 30일 단기차입금 중 ₩100,000과 이자비용 ₩20,000을 현금으로 지급하다.

해답

5/1	현금(자산)의 증가 ₩1,500,000	자본금(자본)의 증가 ₩1,500,000
5/3	상품(자산)의 증가 ₩350,000	현금(자산)의 감소 ₩350,000
5/6	현금(자산)의 증가 ₩500,000	단기차입금(부채)의 증가 500,000
5/8	토지(자산)의 증가 ₩450,000	현금(자산)의 감소 ₩450,000
5/13	외상매출금(자산)의 증가 ₩350,000	매출(수익)의 발생 ₩350,000
5/19	비품(자산)의 증가 ₩50,000	현금(자산)의 감소 ₩50,000
5/20	현금(자산)의 증가 ₩350,000	외상매출금(자산)의 감소 ₩350,000
5/21	급여(비용)의 발생 ₩100,000	현금(자산)의 감소 ₩100,000
5/26	보험료(비용)의 발생 ₩50,000	현금(자산)의 감소 ₩50,000
5/30	단기차입금(부채)의 감소 ₩100,000 이자비용(비용)의 발생 ₩20,000	현금(자산)의 감소 ₩120,000

현 금

5/1	1,500,000	5/3	350,000
5/6	500,000	5/8	450,000
5/20	350,000	5/19	50,000
		5/21	100,000
		5/26	50,000
		5/30	120,000

외상매출금

5/3	350,000	5/20	350,000
5/13	350,000		

상 품

5/3	350,000		

비 품

5/19	50,000		

토 지

5/8	450,000		

단기차입금

5/30	100,000	5/6	500,000

자 본 금

		5/1	1,500,000

이자비용

5/30	20,000		

급 여

5/21	100,000		

보 험 료

5/26	50,000		

제4절 분개와 전기

1. 분개와 분개장

(1) 분개

실제로 기업실무에서는 수많은 거래가 수시로 발생하기 때문에 계정기입의 절차에 따라 거래를 기록할 경우 업무량이 과다해질 뿐만 아니라 특정 기간에 어떤 거래가 발생하였는지를 파악하기가 어렵다. 또한 거래를 해당 계정에 기입하는 과정에서 누락되거나 중복되는 등의 오류가 발생할 위험도 있다.

따라서 각종 거래의 기록을 효과적이고 체계적으로 처리하기 위해서는 ① 어떤 사건이 회계상의 거래가 되는가를 확인하고, ② 거래에 내재된 자산, 부채, 자본의 어느 계정에 기입할 것인가, 그리고 ③ 그 계정의 어느 쪽(차변 또는 대변)에 얼마만한 금액을 기입할 것인가를 결정하는 절차가 필요하다. 이러한 일련의 절차를 분개(journalizing)라고 한다. 이 분개는 <표 2-1> 거래요소의 결합관계에 따른다. 즉

ⓐ 자산의 증가는 왼쪽 차변에, 자산의 감소는 오른쪽 대변에

ⓑ 부채의 감소는 왼쪽 차변에, 부채의 증가는 오른쪽 대변에
ⓒ 자본의 감소는 왼쪽 차변에, 자본의 증가는 오른쪽 대변에
ⓓ 비용의 발생은 왼쪽 차변에, 수익의 발생은 오른쪽 대변에 기록한다.

예제3 분 개

• 【예제 2】 의 거래들을 분개하라.

해답

날짜	차변	대변
5/1	(차) 현금 1,500,000	(대) 자본금 1,500,000
5/3	(차) 상품 350,000	(대) 현금 350,000
5/6	(차) 현금 500,000	(대) 단기차입금 500,000
5/8	(차) 토지 450,000	(대) 현금 450,000
5/13	(차) 외상매출금 350,000	(대) 매출 350,000
5/19	(차) 비품 50,000	(대) 현금 50,000
5/20	(차) 현금 350,000	(대) 외상매출금 350,000
5/21	(차) 급여 100,000	(대) 현금 100,000
5/26	(차) 보험료 50,000	(대) 현금 50,000
5/30	(차) 단기차입금100,000 이자 비용 20,000	(대) 현금 120,000

(2) 분개장

회계에서는 거래가 발생할 때마다 거래의 내용을 분석하여 장부에 그 변동사항을 기록하게 된다. 분개장(journal)은 거래를 분석해서 그것을 발생순서에

따라 분개 · 기록하는 장부로서, 이는 거래를 각 해당 계정에 기입하기 위한 준비 또는 매개역할을 한다. 분개장의 양식은 <표 2-5>과 같다. 분개장에는 거래 일자, 계정과목 및 차 · 대변 금액과 거래내용이 간략히 기술된다. 그리고 원면은 원장의 계정번호를 말하는 것으로 분개장의 내용과 원장 기록을 대조해야 할 때를 대비하여 기록한다. <표 2-5>의 분개장 내용은 【예제 4】의 일부를 기록한 것이다.

<표 2-5> 분개장

일 자		적 요	원면	차 변	대 변
5		(현 금)		1,500,000	
	1	(자 본 금)			1,500,000
		현금출자하여 영업개시			
	3	(상 품)			
		(현 금)		350,000	
	6	상품의 현금매입			350,000
		(현 금)			
	8	(단기차입금)		500,000	
		현금단기차입			500,000
		(토 지)			
		(현 금)		450,000	
		영업용토지 현금구입			450,000

한편 회계학습을 원활히 하기 위해서 아래와 같이 약식으로 분개를 할 수도 있다.

(차) 토 지 ××× (대) 현 금 ×××

2. 전기와 총계정원장

분개가 완료되면 분개장의 거래 내용을 해당 계정에 옮겨 적는 과정을 밟아야 하는데 이를 전기(posting)라고 한다. 그리고 이들 분개장의 내용을 계정과목별로 정리하여 자산, 부채, 자본, 수익, 비용에 속하는 모든 계정이 집합되어 있도록 한 장부를 원장(ledger) 또는 총계정원장(general ledger)이라고 한다.

기업의 재무상태를 나타내는 대차대조표나 경영성과를 나타내는 손익계산서는 총계정원장에 있는 자료에 의해 작성되기 때문에 총계정원장은 이들 회계보고서를 작성하는데 필요한 회계자료를 제공하는 원천이 된다.

분개장에서 총계정원장에 전기하는 요령은 다음과 같다.

① 분개장에 기록된 차변과 대변에 해당되는 계정을 총계정원장에서 찾는다.

② 분개장의 차변계정의 금액을 총계정원장의 해당 계정의 차변에 옮겨 적는다.

③ 분개장의 대변계정의 금액을 총계정원장의 해당 계정의 대변에 옮겨 적는다.

④ 총계정원장의 적요란에는 상대계정과목을 기입하여 거래 내용을 추정할 수 있도록 한다. 상대계정이 2가지 이상일 때에는 '제좌(諸座)'라고 기입한다.

이상의 전기 방법에 따라 【예제 4】의 5월 30일 거래를 원장에 전기하면 다음과 같다.

5월 30일 단기차입금 중 ₩100,000과 이자비용 ₩20,000을 현금으로 지급하다.			
(차) 단기차입금	100,000	(대) 현 금	120,000
이 자 비 용	20,000		

단기차입금

차변	대변
5/30 현금 100,000	

현 금

차변	대변
	5/30 계좌 120,000

이자비용

차변	대변
5/30 현금 20,000	

예제4 전 기

• 【예제 3】의 분개를 각 계정에 전기하라.

해답

현 금

차변	대변
5/1 자본금 1,500,000	5/3 상 품 350,000
5/6 단기차입금 500,000	5/8 토 지 450,000
5/20 외상매출금 350,000	5/19 비 품 50,000
	5/21 급 여 100,000
	5/26 보험료 50,000
	5/30 제 좌 120,000

외상매출금

차변	대변
5/13 매 출 350,000	5/20 현 금 350,000

상 품

차변	대변
5/3 현 금 350,000	5/13 외상매출금 240,000

비 품

차변	대변
5/19 현 금 50,000	

토 지

차변	대변
5/8 현금 450,000	

단기차입금

차변	대변
5/30 현 금 100,000	5/6 현 금 500,000

자본금

	5/1 현금 1,500,000

매 출

	5/13 외상매출금 110,000

급 여

5/21 현금 100,000	

보험료

5/26 현금 50,000	

이자비용

5/30 현금 20,000	

3. 대차평형의 원리

모든 거래는 거래의 금액을 한 계정의 차변에 기입할 경우 그와 동일한 금액을 다른 계정(들)의 대변에 기입하여야 한다. 따라서 일정 회계기간에 발생한 거래의 계정기입 결과는 차변 합계와 대변 합계가 일치하게 된다. 또한 모든 계정의 차변잔액의 합계와 대변잔액의 합계는 일치하게 된다. 이러한 현상을 대차평형의 원리(principle of equilibrium)라고 한다.

각 계정의 차변 합계의 총액 = 각 계정의 대변 합계의 총액

이 원리는 복식부기의 특징으로서 모든 거래에 대하여 성립한다. 그러므로 각 계정의 차변 합계 총액과 대변 합계 총액이 일치되지 않으면 어딘가 기장상 오류가 있음을 의미하게 된다.

복식부기는 이러한 대차평형의 원리와 같은 특성을 지니고 있기 때문에 기록・계산의 정확성 여부를 자동적으로 검증할 수가 있는데, 이러한 기능을 복식부기의 자기검증기능(self-verification function)이라고 한다.

제5절 회계정보의 산출과정 종합연습

다음은 상품매매업을 하는 호서상회의 2006년도의 경영활동에 대한 자료이다. 호서상회는 법인형태의 업체로 회계기간은 1년이며, 매출원가의 산정을 위한 재고자산의 기록방법은 실지재고조사법[1]을 사용하고 있다.

1. 종합예제

종 합 예 제

01월 01일　현금 ₩10,000,000과 보통주 10,000주(@₩4,000)를 발행하여 전액을 납입 받아 당좌 예입함으로써 회사를 설립하다. 이 회사는 설립 초에 충청은행과 당좌거래 계약을 체결하다.

01월 01일　회사의 설립에 소요된 제비용으로 ₩300,000을 현금 지급하다.

01월 15일　건물을 ₩20,000,000에 구입하고 대금 중 ₩17,000,000은 수표를 발행하여 지급하고 나머지는 미지급하다.

01월 28일　지난 1월 15일에 외상으로 구입한 건물대금 전액을 수표를 발행하여 지급하다.

02월 01일　건물에 대한 화재보험료 1년분 ₩600,000을 현금으로 지급하다.

02월 15일　청주상회로부터 갑상품(4,000개, @₩5,000)을 매입하고 대금 중

1) 실지재고조사법은 제6장의 제1절 사회복지법인의 유동자산 중 재고자산 부분을 참고할 수 있다.

₩10,000,000은 수표 발행 지급하고 나머지는 외상으로 하다.

02월 25일 지난 2월 15일에 구입한 상품의 외상대금 중 ₩5,000,000은 수표를 발행하여 갚다.

03월 10일 사무실 비품을 ₩1,000,000에 구입하고 대금은 수표 발행 지급하다.

03월 20일 대구상회로부터 을상품(2,000개 @₩3,000)를 외상으로 매입하다.

03월 22일 대구상회로부터 3월 20일에 매입했던 을상품 중에 불량품이 있어 10개를 반품하다.

04월 15일 대전상회에 갑상품 2,000개(원가 @₩5,000)를 개당 @₩8,000에 외상 매출하다.

04월 17일 지난 4월 15일에 매출한 대금 중 ₩10,000,000을 현금으로 회수하여 곧 당좌 예입하다.

05월 20일 창조상회에 을상품 500개(원가 @₩3,000)를 개당 @₩4,500에 매출하고 대금은 현금으로 받아 곧 당좌 예입하다.

06월 13일 운영자금으로 2년 후 상환조건으로 충청은행으로부터 ₩12,000,000(이자 연 10%)을 차입하다.

07월 15일 사무실 소모품을 ₩350,000에 외상으로 구입하다.

09월 01일 대전기업(주)이 발행한 주식 1,000주를 장기보유목적으로 1주당 ₩5,000(액면 ₩4,500)에 매입하고 대금은 수표를 발행하여 지급하다.

09월 10일 대구상회에 6개월 기한으로 현금 ₩1,200,000을 대여(이자 연 10%)하다.

09월 22일 직원식대 및 차대로 ₩50,000을 현금 지급하다.

10월 03일 대전상회에 을상품 1,000개(원가 @₩3,000)를 개당 @₩4,000에 외상으로 매출하다.

10월 17일 경주상회에 갑상품 1,000개(원가 @₩5,000)를 개당 @₩7,500에 매출하고 대금은 현금으로 받아 곧 당좌 예입하다.

10월 30일 대구상회는 자금사정의 호조로 50일간의 이자 ₩16,438과 함께 대여금 중의 일부인 ₩200,000을 현금으로 상환하다.

11월 10일 사무원의 급여 ₩1,000,000을 현금 지급하다.

11월 15일 종업원에게 여비교통비 ₩15,000을 현금으로 지급하다.

12월 31일 전화요금 ₩50,000과 도시가스요금 ₩60,000을 현금으로 지급하다.

【요구사항】 호서상회의 회계정보의 산출과정에 대한 종합예제를 가지고 다음 사항을 완성하라.
(1) 기중에 발생한 거래를 분개하여 분개장을 작성하라.
(2) 분개장의 분개 내용을 표준식을 사용하여 총계정원장의 각 계정에 전기하라.

2. 풀이 과정

(1) 분개장의 작성

해답

분 개 장

호서상회 1면

일자		적요	원면	차변	대변
1	1	(현 금) (당좌예금) (자 본 금) 출자하여 영업개시	1 2 13	10,000,000 40,000,000	 50,000,000
	1	(창 업 비) (현 금) 설립 제비용 지급	9 1	300,000	 300,000
	15	(건 물) (당좌예금)* (미지급금) 건물 구입	7 2 11	20,000,000	 17,000,000 3,000,000
	28	(미지급금) (당좌예금) 건물분 미지급금 반제	11 2	3,000,000	 3,000,000
2	1	(보 험 료) (현 금) 화재보험료 납부	22 1	600,000	 600,000

* 당좌예금에 대해서는 제6장의 1절 사회복지법인의 유동자산 부분 참고

(앞면에서 계속)

일 자		적 요	원면	차 변	대 변
	15	(상　　품) (당좌예금) (외상매입금) 상품 매입	15 2 10	20,000,000	 10,000,000 10,000,000
	25	(외상매입금) (당좌예금) 외상대금 수표발행 지급	10 2	5,000,000	 5,000,000
3	10	(비　　품) (당좌예금) 비품 구입	8 2	1,000,000	 1,000,000
	20	(상　　품) (외상매입금) 상품 외상 매입	15 10	6,000,000	 6,000,000
	22	(외상매입금) (매입환출) 불량 상품 반환	10 16	30,000	 30,000
4	15	(외상매출금) (매　　출) 상품 외상 매출	3 14	16,000,000	 16,000,000
	17	(당좌예금) (외상매출금) 외상대금 수표 입금	2 3	10,000,000	 10,000,000
5	20	(당좌예금) (매　　출) 상품 매출 수표 입금	2 14	2,250,000	 2,250,000
6	13	(현　　금) (장기차입금) 운영자금의 장기차입	1 12	12,000,000	 12,000,000
7	15	(소 모 품) (미지급금) 소모품 외상 구입	5 11	350,000	 350,000

(앞면에서 계속)

일 자		적 요	원면	차 변	대 변
9	1	(투자유가증권)	6	5,000,000	
		(당좌예금)	2		5,000,000
		주식 매입			
	10	(단기대여금)	4	1,200,000	
		(현 금)	1		1,200,000
		자금의 단기 대여			
	22	(복리후생비)	18	50,000	
		(현 금)	1		50,000
		직원 식대 및 차대 지급			
10	3	(외상매출금)	3	4,000,000	
		(매 출)	14		4,000,000
		상품 외상 매출			
	17	(당좌예금)	2	7,500,000	
		(매 출)	14		7,500,000
		상품 매출 수표 입금			
	30	(현 금)	1	216,438	
		(단기대여금)	4		200,000
		(이자수익)	23		16,438
		대여금 일부 변제 및 이자			
11	10	(급 여)	17	1,000,000	
		(현 금)	1		1,000,000
		급여 지급			
	15	(여비교통비)	19	15,000	
		(현 금)	1		15,000
		출장여비 지급			
12	31	(통 신 비)	20	50,000	
		(현 금)	1		50,000
		전화요금 납부			
	31	(수도광열비)	21	60,000	
		(현 금)	1		60,000
		도시가스요금 납부			
				165,621,438	165,621,438

(2) 총계정원장에의 전기

해답

분개장에 분개된 사항들은 총계정원장에 전기하여야 한다. 이러한 작업은 수정전 시산표의 작성에 필요한 각 계정들의 잔액을 알 수 있도록 해준다. 본문에서는 일반적으로 학습목적으로 이용되는 약식 T계정을 사용하여 전기하는 방법을 학습하였으나, 여기에서는 표준식을 사용하여 전기하는 방법을 학습하기로 한다.

총계정원장

현　　금

계정번호 : 1

차변　　　　　　　　　　　　　　　　　　　　대변

일자		적요	분면	금액	일자		적요	분면	금액
1	1	자 본 금	1	10,000,000	1	1	창 업 비	1	300,000
6	13	장기차입금	1	12,000,000	2	1	보 험 료	1	600,000
10	30	제 좌	1	216,438	9	10	단기대여금	1	1,200,000
					11	22	복리후생비	1	50,000
					12	10	급 여	1	1,000,000
						15	여비교통비	1	15,000
						31	통 신 비	1	50,000
						31	수도광열비	1	60,000
							잔 액	√	18,941,438
				22,216,438					22,216,438
		잔 액	√	18,941,438					

<u>당좌예금</u>

계정번호 : 2

차변 대변

일 자		적 요	분면	금 액	일 자		적 요	분면	금 액
1	1	자 본 금	1	40,000,000	1	15	건 물	1	17,000,000
4	17	외상매출금	1	10,000,000	2	28	미지급금	1	3,000,000
5	20	매 출	1	2,250,000	3	15	상 품	1	10,000,000
10	17	매 출	1	7,500,000	9	25	외상매입금	1	5,000,000
						10	비 품	1	1,000,000
						1	투자유가증권	1	5,000,000
							잔 액	√	18,750,000
				59,750,000					59,750,000
		잔 액	√	18,750,000					

<u>외상매출금</u>

계정번호 : 3

차변 대변

일 자		적 요	분면	금 액	일 자		적 요	분면	금 액
4	15	당좌예금	1	16,000,000	4	17	당좌예금	1	10,000,000
10	3	매 출	1	4,000,000			잔 액	√	10,000,000
				20,000,000					20,000,000
		잔 액	√	10,000,000					

<u>단기대여금</u>

계정번호 : 4

차변 대변

일 자		적 요	분면	금 액	일 자		적 요	분면	금 액
9	10	현 금	1	1,200,000	10	30	현 금	1	200,000
							잔 액	√	1,000,000
				1,200,000					1,200,000
		잔 액	√	1,000,000					

소모품

계정번호 : 5

차변 대변

일	자	적 요	분면	금 액	일	자	적 요	분면	금 액
7	15	미지급금	1	350,000			잔 액	√	350,000
				350,000					350,000
		잔 액	√	350,000					

투자유가증권

계정번호 : 6

차변 대변

일	자	적 요	분면	금 액	일	자	적 요	분면	금 액
9	1	당좌예금	1	5,000,000			잔 액	√	5,000,000
				5,000,000					5,000,000
		잔 액	√	5,000,000					

건 물

계정번호 : 7

차변 대변

일	자	적 요	분면	금 액	일	자	적 요	분면	금 액
1	15	제 좌	1	20,000,000			잔 액	√	20,000,000
				20,000,000					20,000,000
		잔 액	√	20,000,000					

비 품

계정번호 : 8

차변 대변

일	자	적 요	분면	금 액	일	자	적 요	분면	금 액
3	10	당좌예금	1	1,000,000			잔 액	√	1,000,000
				1,000,000					1,000,000
		잔 액	√	1,000,000					

창업비

계정번호 : 9

차변 대변

일	자	적 요	분면	금 액	일	자	적 요	분면	금 액
1	1	현 금	1	300,000			잔 액	√	300,000
				300,000					300,000
		잔 액	√	300,000					

외상매입금

계정번호 : 10

차변 대변

일	자	적 요	분면	금 액	일	자	적 요	분면	금 액
2	25	당좌예금	1	5,000,000	2	15	상 품	1	10,000,000
3	22	매입환출	1	30,000	3	20	상 품	1	6,000,000
		잔 액	√	10,970,000					
				16,000,000					16,000,000
							잔 액	√	10,970,000

미지급금

계정번호 : 11

차변 대변

일	자	적 요	분면	금 액	일	자	적 요	분면	금 액
1	28	당좌예금	1	3,000,000	1	15	건 물	1	3,000,000
	.	잔 액	√	350,000	7	15	소모품	1	350,000
				3,350,000					3,350,000
							잔 액	√	350,000

장기차입금

계정번호 : 12

차변 대변

일 자		적 요	분면	금 액	일 자		적 요	분면	금 액
		잔 액	√	12,000,000	6	13	현 금	1	12,000,000
				12,000,000					12,000,000
							잔 액	√	12,000,000

자본금

계정번호 : 13

차변 대변

일 자		적 요	분면	금 액	일 자		적 요	분면	금 액
		잔 액	√	50,000,000	1	1	제 좌	1	50,000,000
				50,000,000					50,000,000
							잔 액	√	50,000,000

매 출

계정번호 : 14

차변 대변

일 자		적 요	분면	금 액	일 자		적 요	분면	금 액
		잔 액	√	29,750,000	4	15	외상매출금	1	16,000,000
					5	20	당좌예금	1	2,250,000
					10	3	외상매출금	1	4,000,000
						17	당좌예금	1	7,500,000
				29,750,000					29,750,000
							잔 액	√	29,750,000

상 품

계정번호 : 15

차변 대변

일 자		적 요	분면	금 액	일 자		적 요	분면	금 액
2	15	제 좌	1	20,000,000			잔 액	√	26,000,000
3	20	외상매입금	1	6,000,000					
				26,000,000					26,000,000
		잔 액	√	26,000,000					

매 입 환 출

계정번호 : 16

차변 대변

일 자		적 요	분면	금 액	일 자		적 요	분면	금 액
		잔 액	√	30,000	3	22	외상매입금	1	30,000
				30,000					30,000
							잔 액	√	30,000

급 여

계정번호 : 17

차변 대변

일 자		적 요	분면	금 액	일 자		적 요	분면	금 액
11	10	현 금	1	1,000,000			잔 액	√	1,000,000
				1,000,000					1,000,000
		잔 액	√	1,000,000					

복리후생비

계정번호 : 18

차변 대변

일	자	적 요	분면	금 액	일	자	적 요	분면	금 액
9	22	현 금	1	50,000			잔 액	√	50,000
				50,000					50,000
		잔 액	√	50,000					

여비교통비

계정번호 : 19

차변 대변

일	자	적 요	분면	금 액	일	자	적 요	분면	금 액
11	15	현 금	1	15,000			잔 액	√	15,000
				15,000					15,000
		잔 액	√	15,000					

통 신 비

계정번호 : 20

차변 대변

일	자	적 요	분면	금 액	일	자	적 요	분면	금 액
11	15	현 금	1	50,000			잔 액	√	50,000
				50,000					50,000
		잔 액	√	50,000					

수도광열비

계정번호 : 21

차변 대변

일	자	적 요	분면	금 액	일	자	적 요	분면	금 액
12	31	현 금	1	60,000			잔 액	√	60,000
				60,000					60,000
		잔 액	√	60,000					

보험료

계정번호 : 22

차변 대변

일	자	적 요	분면	금 액	일	자	적 요	분면	금 액
2	1	현 금	1	600,000			잔 액	√	600,000
				600,000					600,000
		잔 액	√	600,000					

이자수익

계정번호 : 23

차변 대변

일	자	적 요	분면	금 액	일	자	적 요	분면	금 액
		잔 액	√	16,438	10	30	현 금	1	16,438
				16,438					16,438
							잔 액	√	16,438

3 회계순환과정(2)

제1절 결산의 의의와 절차

회계기간 말에 각종 회계장부를 정리 · 마감하여 기업의 재무상태와 경영성과를 정확히 파악하기 위해 재무제표를 작성하는 절차를 결산(closing)이라고 한다.

결산의 순서는 기업의 규모나 업종의 특성에 따라 다소 차이가 있으나 일반적으로 다음과 같은 순서로 이루어진다.

① 수정전 시산표의 작성

② 수정분개 실시

③ 수정 후 시산표의 작성

④ 대차대조표와 손익계산서 등의 작성

⑤ 계정의 마감

⑥ 이월시산표의 작성

결산절차를 체계적으로 이해하기 위하여 다음의 예제를 이용하여 설명하기로 한다.

예제1

• 다음은 두정상회의 2006년 1월 1일부터 2006년 12월 31일까지의 거래이다. 각 거래들을 분개하고 총계정원장에 전기하라.

1월 5일 현금 ₩650,000과 건물 ₩450,000을 출자하여 영업을 개시하다.
2월 13일 상품 ₩280,000을 구입하고, 대금은 현금으로 지급하다.
3월 6일 영업용 비품 ₩75,000을 외상으로 구입하다.
3월 17일 상품 ₩250,000(원가 ₩170,000)을 외상으로 판매하다.
4월 9일 사무실 임차료 ₩60,000을 현금으로 지급하다.
5월 11일 상품 ₩250,000을 외상으로 구입하다.
5월 23일 외상매출금 ₩250,000을 현금으로 받다.
6월 14일 현금 ₩100,000을 단기 대여해 주다.
7월 8일 상품 ₩230,000(원가 ₩160,000)을 현금 ₩150,000을 받고 나머지는 외상으로 판매하다.
7월 29일 은행으로부터 현금 ₩250,000을 단기차입하다.
8월 2일 건물 임대료 ₩50,000을 현금으로 받다.
9월 12일 상품 ₩150,000(원가 ₩100,000)을 팔고 현금으로 받다.
10월 3일 보험료 ₩20,000을 현금으로 지급하다.
11월 25일 종업원 급여 ₩100,000을 현금으로 주다.
12월 30일 단기차입금 ₩180,000과 이자 ₩10,000을 현금으로 갚다.

해답

1. 분개

1/5	(차) 현금 650,000 건물 450,000	(대) 자본금 1,100,000

2/13	(차) 상품 280,000	(대) 현금 280,000
3/6	(차) 비품 75,000	(대) 미지급금 75,000
3/17	(차) 외상매출금 250,000	(대) 매출 250,000
4/9	(차) 임차료 60,000	(대) 현금 60,000
5/11	(차) 상품 250,000	(대) 외상매입금 250,000
5/23	(차) 현금 100,000	(대) 외상매출금 100,000
6/14	(차) 단기대여금 100,000	(대) 현금 100,000
7/8	(차) 현금 150,000 외상매출금 80,000	(대) 매출 230,000
7/29	(차) 현금 250,000	(대) 단기차입금 250,000
8/2	(차) 현금 50,000	(대) 임대료 50,000
9/12	(차) 현금 150,000	(대) 매출 150,000
10/3	(차) 보험료 20,000	(대) 현금 20,000
11/25	(차) 급여 100,000	(대) 현금 100,000
12/30	(차) 단기차입금 180,000 이자비용 10,000	(대) 현금 190,000

* 상품 계정 대신 매입을 사용할 수도 있음(3분법 사용. 상품계정의 수정분개 부분 참고). 외상매출금계정의 경우도 매출채권계정을 사용할 수 있음.

2. 전기

현 금

1/5	자 본 금	650,000	2/13	상 품	280,000
5/23	외상매출금	100,000	4/9	임 차 료	60,000
7/8	현 금	150,000	6/14	단기대여금	100,000
7/29	단기차입금	250,000	10/3	보 험 료	20,000
8/2	임 대 료	50,000	11/25	급 료	100,000
9/12	매 출	150,000	12/30	제 좌	190,000

외상매출금

3/17	매 출	250,000	5/23	현 금	100,000
7/18	매출	80,000			

단기대여금

6/14 현 금 100,000	

상 품

2/13 현 금 280,000	
5/11 외상매입금 250,000	

비 품

3/6 미지급금 75,000	

건 물

1/5 자본금 450,000	

외상매입금

	5/11 상 품 250,000

미지급금

	3/6 비 품 75,000

단기차입금

12/30 현 금 180,000	7/29 현 금 250,000

자본금

	1/5 제 좌 1,100,000

임대료

	8/2 현 금 50,000

매 출

	3/17 외상매출금 250,000
	7/18 제 좌 230,000
	9/12 현 금 150,000

보험료

10/3 현 금 20,000	

임차료

4/9 현 금 60,000	

급 여

11/25 현 금 100,000	

이자비용

12/30 현 금 10,000	

제2절 시산표의 작성

1. 시산표의 의의와 작성방법

회계상의 거래가 올바르게 분개되고 또 총계정원장에 전기가 정확하게 이루어지면 대차평형의 원리에 따라 모든 계정의 차변합계액과 대변합계액은 일치하게 된다. 이와 같은 원리를 이용하여 총계정원장의 각 계정에의 전기가 정확한가를 검토할 필요가 있는데, 이러한 목적에서 원장의 각 계정과 그 금액을 한 곳에 모아 작성한 집계표가 시산표(trial balance, T/B)이다. 그러므로 시산표는 한마디로 계정집계표라고도 말할 수 있다.

시산표는 총계정원장 기입의 정확성 여부를 확인하는 수단이라는 측면 이외에도 특정 시점에 있어서 총계정원장에 어떠한 계정들이 포함되어 있으며 그 계정들의 잔액은 얼마인가를 일목요연하게 나타내는 역할을 하기도 한다. 그러므로 시산표는 특정 기간의 전기가 정확한지의 여부와 그 기간말 각 계정의 잔액들이 어떠한가를 파악하기 위하여 매일, 매주말 또는 매월말 정기적으로 작성하기도 한다.

시산표는 다음과 같은 순서에 따라 작성한다.

① 총계정원장의 각 계정의 차변합계액과 대변합계액을 계산한다.

② 차변합계액과 대변합계액을 비교하여 차변 또는 대변의 잔액을 산출한다.

③ 시산표의 계정과목란에 자산, 부채, 자본, 수익, 비용의 순으로 각 계정과목을 기입한다.

④ 앞 ①, ②에 의하여 계산한 각 계정의 금액을 시산표의 해당계정의 금액란에 옮겨 적되, 차변 금액은 차변금액란에, 대변 금액은 대변금액란에 옮겨 적는다.

⑤ 원면란에는 총계정원장의 각 계정계좌번호 또는 쪽수(page)를 기입한다.

2. 시산표의 종류

시산표에는 그 형식에 따라 합계시산표, 잔액시산표, 합계잔액시산표가 있는데, 회계실무에서는 일반적으로 합계잔액시산표를 많이 사용하고, 회계학습을 하는 데는 주로 잔액시산표를 사용한다.

(1) 합계시산표

합계시산표는 총계정원장의 각 계정의 차변합계액과 대변합계액으로 나누어 작성한 표이다. 이 합계액은 대차평형의 원리에 따라 반드시 일치하여야 한다.

또한 합계시산표의 총계는 거래의 총액을 나타내기 때문에 분개장의 총계와도 일치하도록 되어 있다. 그래서 합계시산표와 분개장의 총합계액을 비교해 봄으로써 총계정원장 기입의 정확성 여부를 검증할 수 있다.

예제2

• 【예제 1】의 총계정원장을 토대로 합계시산표를 작성하라.

해답

합계시산표

차 변	계정과목	대 변
1,350,000	현 금	750,000
330,000	외 상 매 출 금	100,000
100,000	단 기 대 여 금	
530,000	상 품	
75,000	비 품	
450,000	건 물	
	외 상 매 입 금	250,000
	미 지 급 금	75,000
180,000	단 기 차 입 금	250,000
	자 본 금	1,100,000
	매 출	630,000
	임 대 료	50,000
20,000	보 험 료	
60,000	임 차 료	
100,000	급 여	
10,000	이 자 비 용	
3,205,000		3,205,000

(2) 잔액시산표

잔액시산표는 총계정원장의 각 계정의 대차금액을 비교하여 그 잔액만을 집계하여 작성한 표이다. 따라서 잔액시산표는 결산일 현재의 자산, 부채, 자본 및 수익, 비용의 각 계정의 잔액을 나타낸 것이므로 총계정원장 기입의 정확성 여부를 확인하여 주는 기능 이외에도 기업의 재무상태와 경영성과를 개략적으로 파악하기 위해서도 많이 이용된다. 즉 잔액시산표는 재무제표를 작성하는데 기초자료를 제공하며 회계기간의 거래결과를 알 수 있게 해 준다.

예제3

• 【예제 1】의 총계정원장을 토대로 잔액시산표를 작성하라.

해답

잔액시산표

차 변	계정과목	대 변
600,000	현 금	
230,000	외 상 매 출 금	
100,000	단 기 대 여 금	
530,000	상 품	
75,000	비 품	
450,000	건 물	
	외 상 매 입 금	250,000
	미 지 급 금	75,000
	단 기 차 입 금	70,000
	자 본 금	1,100,000
	매 출	630,000
	임 대 료	50,000
20,000	보 험 료	
60,000	임 차 료	
100,000	급 여	
10,000	이 자 비 용	
2,175,000		2,175,000

(3) 합계잔액시산표

합계잔액시산표는 합계시산표와 잔액시산표를 한 표에 결합시킨 표이다. 작성이 번거롭다는 문제점도 있으나 두 표의 장점을 모두 가지고 있기 때문에 회계실무에서는 주로 합계잔액시산표가 많이 작성되고 있다.

예제4

• 【예제 1】 의 총계정원장을 토대로 합계잔액시산표를 작성하라.

해답

합계잔액시산표

차 변		계정과목	대 변	
잔액	합계		합계	잔액
600,000	1,350,000	현금	750,000	
230,000	330,000	외상매출금	100,000	
100,000	100,000	단기대여금		
530,000	530,000	상품		
75,000	75,000	비품		
450,000	450,000	건물		
		외상매입금	250,000	250,000
		미지급금	75,000	75,000
	180,000	단기차입금	250,000	70,000
		자본금	1,100,000	1,100,000
		매출	630,000	630,000
		임대료	50,000	50,000
20,000	20,000	보험료		
60,000	60,000	임차료		
100,000	100,000	급여		
10,000	10,000	이자비용		
2,175,000	3,205,000		3,205,000	2,175,000

3. 시산표에 의한 오류의 발견

회계상의 모든 거래는 대차평형의 원리에 따라 원장에 기록되기 때문에 총계정원장의 각 계정잔액을 모아 시산표를 작성할 경우 시산표의 차변합계액과 대변합계액은 반드시 일치하여야 한다. 그러나 만일 시산표를 작성한 결과 차변합계액과 대변합계액이 일치하지 않으면 이는 기장상에 오류가 있음을 의미하므로 다음 순서에 따라 그 원인을 규명하여야 한다.

① 시산표의 계산 자체가 정확한가를 확인한다.

② 총계정원장의 각 계정의 합계액 또는 잔액이 시산표에 바르게 기입되었는가를 확인한다.

③ 총계정원장의 각 계정의 합계액 또는 잔액의 계산이 정확한가를 확인한다.

④ 분개장에서 원장에의 전기가 정확하게 이루어졌는가를 확인한다.

⑤ 분개 자체의 오류 여부를 거래 하나하나를 통해 확인한다.

그러나 이상과 같은 확인과정에도 불구하고 다음과 같은 경우는 오류가 발견되지 않기 때문에 특별히 유의하여야 한다.

① 거래 자체가 분개되지 않았거나 전기되지 않은 경우

② 중복하여 거래를 분개하거나 전기한 경우

③ 차변과 대변을 반대로 분개하거나 전기한 경우

④ 차변과 대변을 다같이 틀린 금액으로 분개하거나 전기한 경우

⑤ 차변과 대변의 오류가 우연히 상계된 경우

제3절 수정분개

1. 수정분개의 목적

자산이나 부채의 가치가 회계기간중 항상 일정하게 유지되는 것은 아니며, 비용이나 수익 또한 회계기간의 현금흐름과 동일하게 발생하는 것이 아니다. 따라서 회계기간말에 이르러 자산이나 부채의 가치를 정확하게 평가하고, 당기에 인식해야 할 수익과 비용의 규모를 결정하여 기간손익을 정확히 계산하여야 하는데, 이와 같이 회계기간말에 이르러 실시하는 계정잔액의 수정절차를 수정분개(adjusting journal entries) 또는 결산정리분개라고 한다.

2. 수정분개의 유형

수정분개는 자산평가가치의 변화, 발생항목(accruals), 이연항목(deferrals)과 같이 3가지 유형을 구분할 수 있다.

(1) 자산평가가치의 변화

기업이 영업활동을 하다 보면 상품과 같은 재고자산은 사용 또는 보관 중에 파손이 발생할 수 있고, 건물, 기계장치, 비품 등과 같은 유형자산은 가치의 감소 현상(감가상각)이 일어난다. 자산의 평가가치의 변화로 인한 수정분개는 이와 같은 가치변화를 회계기말에 정확하게 인식하여 처리하는 것이다.

이하에서는 유형자산의 감가상각에 대한 기장방법에 대하여 살펴보기로 하겠다. 감가상각(depreciation)이란 유형자산(예: 건물, 기계장치, 차량운반구, 비품 등)의 취득원가를 사용기간 동안 각 회계연도에 배분시킴으로써 자산의 대차대조표가액을 감소시킴과 동시에 그 금액을 당기의 비용으로 계상하는 것을 말하며, 이 때 각 회계연도에 배분된 원가를 감가상각비라고 한다.

감가상각액이 결정되면 대차대조표에는 취득원가와 함께 매 회계기말에 가치감소액의 누계액(감가상각누계액)을 표시하고 손익계산서에는 가치감소액만큼 비용으로 처리해 주어야 한다.

감가상각누계액은 대차대조표상에서 관련자산의 차감항목으로 표시되는데, 이는 자산의 취득원가 중 수익에 대응하여 현재까지 소멸된 원가(expired cost)의 누계금액이다. 유형자산의 취득원가에서 감가상각누계액을 차감한 금액을 자산의 장부가액(book value)이라고 한다.

예제5 감가상각의 회계처리

- 두정기업은 2006년 1월 3일 영업을 개시하면서 기계장치를 ₩2,500,000에 구입하였다. 이 기계장치의 2006년도 감가상각액이 ₩320,000으로 결정되었다고 가정하고, 2006년도 말의 기말수정분개를 하고 대차대조표에 표시하라.

해답

(차) 감가상각비 320,000	(대) 감가상각누계액 320,000

<대차대조표 표시>

대 차 대 조 표

기계장치	2,500,000		
감가상각누계액	(320,000)	2,180,000	

(2) 발생항목(accruals)

발생항목이란 해당 거래는 이미 발생하였으나 실질적인 현금의 수입이나 지출이 아직 발생하지 않은 거래들을 의미한다. 발생항목들은 당기에 속하는 수익이나 비용이면서도 현금의 수입이나 지출이 통상 다음 회계연도에 이루어지는 항목들로 미수수익항목(자산)과 미지급비용항목(부채)으로 구분된다.

미수수익(accruals revenue)을 인식할 때는 미수액만큼 수익계정의 대변에 기입하는 동시에 차변에는 미수수익이라는 자산계정을 설정한다. 미수수익에는 미수이자, 미수임대료, 미수수수료 등이 있다.

예제6

- 두정상사는 2006년 7월 1일에 거래처인 용곡상회에 ₩15,000,000(연이율 10%)을 대여해 주고 원금과 이자는 1년 후에 받기로 하였다. 두정상사의 회계기간이 매년 1월1일부터 12월 31일까지일 경우 20×6년 12월 31일의 기말 수정분개를 하라.

해답

<2006. 7. 1. 현금대여시>

(차) 단기대여금 1,500,000	(대) 현금 1,500,000

<2006. 12. 31. 결산수정분개>

두정상사는 이자를 1년 후인 2007년 6월 30일에 받기로 하였기 때문에 당기에는 ₩750,000(15,000,000 × 0.1 × 6/12)만을 수익으로 인식해야 한다. 이에 따라 손익계산서에는 '이자수익'이라는 수익을, 대차대조표에는 '미수이자'라는 자산을 기록해야 한다.

(차) 미수이자 750,000	(대) 이자수익 750,000

한편 미지급비용(unpaid expense)을 인식할 때는 미지급액만큼 비용계정의 차변에 기입하는 동시에 대변에는 미지급비용이라는 부채계정을 설정한다. 미지급비용에는 미지급급료, 미지급임차료, 미지급이자 등이 있다.

예제7

• 두정상사는 20×6년 12월 31일 현재 급여 ₩600,000을 아직 지급하지 않았다. 이에 대한 기말수정분개를 하라.

해답

두정상사가 12월 31일 현재 급료를 지급하지 않았다는 것은 급여에 대한 지급의무가 이미 발생했다는 것을 의미한다. 따라서 대차대조표에는 '미지급급여'라는 부채를 기록하고, 손익계산서에는 급여라는 비용을 기록해야 한다.

(차) 급여 600,000	(대) 미지급급여 600,000

(3) 이연항목(deferrals)

이연항목이란 현금의 지출이나 수입은 이미 일어났으나 해당 거래의 일부는 아직 발생하지 않아 그 실현이 다음 회계기간으로 이연되는 거래들이다. 이러한 이연항목들은 현금의 수입이나 지출이 이미 이루어졌지만, 당기의 수익과 비용이 아직 발생했다고 볼 수 없는 선급비용항목(자산)과 선수수익항목(부채)으로 구분된다.

선급비용(prepaid expense)은 당기에 현금의 지출이 이루어졌으나 비용의 인식을 다음 회계기간으로 이연해야 하는 항목이며, 차기에 해당하는 금액만큼 당기의 비용에서 차감하여 자산으로 계상한다. 이와 같은 선급비용에는 선급보험료, 선급임차료, 선급이자 등이 있다.

예제8

• 두정상사는 2006년 9월 1일 보험회사에 화재보험을 가입하고 보험료 ₩120,000을 현금으로 지급하였다. 두정상사의 회계기간이 매년 1월1일부터 12월 31일까지일 경우 2006년 12월 31일의 기말수정분개를 하라.

해답

<2006. 9. 1. 보험료 지급시>

2006 9/1	(차) 보험료 120,000	(대) 현금 120,000

<2006. 12. 31.>

두정상사가 지급한 보험료는 2006. 9. 1. - 2007. 8. 31.까지 해당되기 때문에 선급분 ₩80,000(120,000 × 8/12)은 선급보험료라는 자산으로 기록되어야 한다.

2006 12/31	(차) 선급보험료 80,000	(대) 보험료 80,000

한편 선수수익(deferred revenue)은 당기에 이미 현금으로 받은 금액 중 다음 회계기간에 수익으로 인식해야 할 부분이 포함되어 있는 경우이기 때문에, 선수액을 수익계정의 차변에 기입하는 동시에 선수수익이라는 부채계정을 설정하여 대변에 기입하고 다음 회계기간으로 이연시킨다. 선수수익에는 선수이자, 선수임대료, 선수수수료 등이 있다.

예제9

• 두정상사는 2006년 10월 1일 건물을 임대하여 1년분 임대료 ₩240,000을 받았다. 2006년 12월 31일의 기말수정분개를 하라.

해답

<2006. 10. 1. 임대료 수입시>

(차) 현금 240,000	(대) 임대료 240,000

<2006. 12. 31. 결산수정분개>

두정상사가 받은 임대료는 2006.10.1. ~ 2007.9.30.까지 해당되기 때문에 선수분 ₩60,000 (240,000 × 3/12)은 선수임대료라는 부채로 기록되어야 한다.

(차) 임대료 180,000	(대) 선수임대료 180,000

(4) 상품계정의 수정분개

상품의 매입과 매출 등을 하나의 상품계정에서 모두 처리할 경우 상품계정의 기입내용이 복잡해지고 경영상의 중요한 자료인 매입액, 매출액 및 매출원가를 쉽게 파악하기가 곤란하다. 그러므로 일반적으로 상품계정을 2개 이상의 계정으로 분할하여 처리하는 것이 편리하다. 이렇게 상품계정의 기입내용을 나누는 것을 상품계정의 분할이라 하고 그 중에서도 이월상품계정, 매입계정, 매출계정의 3개의 계정으로 분할하는 3분법이 가장 널리 사용되고 있다.

즉, 3분법은 상품매매와 관련된 거래를 이월상품계정, 매입계정, 매출계정의 3계정으로 나누어 회계처리하는 방법이다. 이월상품계정에는 기초상품과 기말상품을 기입하고, 매입계정에는 매입액을 기입하는데 차변에는 총매입액을, 대변에는 매입환출 · 에누리를 기입한다. 그리고 매출계정 대변에는 총매출액을 기입하고, 매출환입 · 에누리는 차변에 기입한다. 3분법을 사용할 때 각 계정의 기입내용은 <표 3-1>과 같다.

<표 3-1> 3분법의 기입내용

이월상품		매 입		매 출	
기초재고액	기말재고액	총매입액	매입환출에누리	매출환입에누리	총매출액

3분법에서 매출원가와 매출이익은 다음의 계산식으로 계산된다.

기초재고액 + 당기매입액 - 기말재고액 = 매출원가 매출액 - 매출원가 = 매출이익(손실)

3분법에서는 상품의 판매시에 판매가격으로 매출계정에 기입하며, 매출원가는 기록하지 않는다. 따라서 결산시에 기말재고액을 파악하여야만 매출원가를 산정할 수 있으며, 결산시에 매출원가를 산정하고 매출이익을 계산하게 된다. 매출원가를 계산하고 매출원가와 매출액을 손익계정에 대체하여 매출이익을 계산하기 위하여 다음과 같은 순서로 분개를 행한다.

① 전기이월액(기초재고액)을 이월상품계정에서 매입계정에 대체한다.

(차) 매 입 ××× (대) 이월상품 ×××

- 이렇게 분개함으로써 매입계정잔액은 '기초재고액 + 당기매입액'인 판매가능액이 계산된다.

② 차기이월액(기말재고액)을 매입계정과 이월상품계정에 기입한다.

(차) 이월상품 ××× (대) 매 입 ×××

- 이렇게 분개함으로써 매입계정잔액은 '기초재고액 + 당기매입액 - 기말 재고액'인 매출원가가 계산된다.

③ 매입계정의 차변잔액인 매출원가를 손익계정에 대체한다.1)

(차) 손 익 ××× (대) 매 입 ×××

④ 매출계정의 대변잔액인 순매출액을 손익계정에 대체한다.

(차) 매 출 ××× (대) 손 익 ×××

1) 매입계정에서 매출원가를 계산하지 않고 매출원가계정을 새로이 설정하여 사용하는 방법이 많이 쓰이고 있다. 이에 대해서는 제6장의 기타 유동자산 중 재고자산부문을 참고할 수 있다.

위에서 설명한 분개를 각 계정에 전기하면 다음과 같다.

이월상품

전기이월	×××	①매 입	×××
②매 입	×××	차기이월	×××
	×××		×××

매 입

순매입액	×××	②이월상품	×××
②이월상품	×××	③손익	×××
	×××		×××

매 출

④손익	×××	순매출액	×××
	×××		×××

손 익

③매입	×××	④매출	×××

예제11

• 다음 내용을 3분법에 의해 분개하고, 각 계정에 전기하라.

9월 1일 기초재고액은 ₩9,000이다.
9월 8일 상품 ₩30,000을 외상으로 매입하다.
9월 16일 상품을 ₩20,000에 외상으로 매출하다.
9월 24일 상품 ₩15,000을 매입하고, 대금은 약속어음을 발행하여 지급하다.
9월 28일 상품을 ₩10,000에 매출하고, 대금은 약속어음으로 받다.
9월 30일 기말재고액은 ₩29,000이다.

해답

9/1 분개하지 않는다.

9/8	(차) 매 입	30,000	(대) 매입채무[2]	30,000	

9/16	(차) 매출채권	20,000	(대) 매 출	15,000	

2) 매출채권은 외상매출금과 받을어음의 통합계정, 매입계정은 외상매입금과 지급어음의 통합계정이다.

9/24	(차) 매 입	15,000	(대) 매입채무	15,000

9/28	(차) 매출채권	10,000	(대) 매 출	10,000

9/30	①(차) 매 입	9,000	(대) 이월상품	9,000
	②(차) 이월상품	29,000	(대) 매 입	29,000
	③(차) 손 익	25,000	(대) 매 입	25,000
	④(차) 매 출	30,000	(대) 손 익	30,000

이월상품

9/1	전기이월	9,000	9/30	매 입	9,000
30	매 입	29,000		차기이월	29,000
		38,000			38,000

매 입

9/8	매입채무	30,000	9/30	이월상품	29,000
24	매입채무	15,000	30	손 익	25,000
24	이월상품	9,000			
		54,000			54,000

매 출

9/30	손 익	30,000	9/16	매출채권	20,000
			30	매출채권	10,000
		30,000			30,000

손 익

9/30	매 입	25,000	9/30	매 출	30,000

제4절 수정후 시산표 작성

수정후 시산표는 기말수정분개가 끝난 후 잔액시산표에 집계된 계정잔액을 수정하기 위하여 작성하는 표이다. 작성요령은 수정전 시산표의 작성요령과 같으며, 수정전 시산표의 잔액과 결산수정분개란의 금액이 같은 변(차변 또는 대변)에 기록되어 있으면 합해서 수정후 시산표란에 기입하고, 두 금액이 반대편에 기록되어 있으면 큰 금액이 기록되었던 쪽에 차액을 기입한다.

제5절 재무제표의 작성

계정 마감 절차가 끝나면 한 회계기간 동안의 경영성과를 나타내주는 손익계산서와 결산일 현재의 재무상태를 나타내는 대차대조표와 같은 재무제표를 작성하여야 한다. 재무제표는 회계기록의 최종산출물이며 기업의 재무상태와 경영성과를 기업의 이해관계자에게 전달해 줌으로써 그들의 경제적인 의사결정에 도움을 주는 역할을 한다. 기업회계기준은 대차대조표, 손익계산서, 이익잉여금처분계산서(또는 결손금처리계산서), 현금흐름표, 주기와 주석을 작성하도록 규정하고 있다.

여기에서는 대차대조표와 손익계산서의 작성만을 살펴보도록 하겠다.

손익계산서는 수익과 비용에 속하는 각 계정의 잔액을 기초로 하여 작성된다.

우선 손익계산서에서 산출된 당기순이익은 전월이월이익잉여금에 가산되고, 여기에서 임의적립금이입액을 더하고 배당금과 같은 이익잉여금처분액을 차감하여 기말이익잉여금이 산출된다. 이와 같이 손익계산서에서 산출된 당기순이익은 이익잉여금처분계산서에서 그 증감변화에 따라 가감된 차기이월이익잉여금이 되어 기말의 대차대조표에 나타나는 이익잉여금으로 기록된다.

즉 손익계산서는 일정기간 동안의 기업의 경영성과를 나타내고 있으며 그 결과로 산출된 당기순이익은 당해 회계기간 말 현재로 작성되는 대차대조표의 이익잉여금에 반영된다.

대차대조표는 총계정원장의 자산, 부채 및 자본에 속하는 계정의 이월액으로 작성된다.

제6절 계정의 마감

계정의 마감이란 당기의 회계기록들을 마무리함으로써 차기의 회계기록들을 새 장부에 기록할 수 있도록 하는 절차를 말한다. 계정의 마감은 손익계산서(수익 · 비용)계정의 마감과 대차대조표(자산 · 부채 · 자본)계정의 마감으로 나누어진다.

1. 손익계산서계정의 마감

수익 및 비용과 같은 손익계정은 당기의 경영성과를 나타내 주는 것이기 때문에 최종적으로 대차대조표의 이익잉여금계정에 그 결과를 대체(transfer)하고 소멸하게 된다. 손익계정과 같이 특정 회계기간의 거래자료들을 임시적으로 기록해 두었다가 최종적으로 다른 계정에 대체되는 계정들을 임시계정(temporary account)이라고 한다. 임시계정들은 일단 재무제표가 완성된 후에는 소멸되어 그 역할이 종료되므로 다음 회계년도에는 각 계정별로 새로운 거래자료를 처음부터 기록해 나가기 위해 장부상의 계정잔액을 0으로 처리하는 절차가 필요하다. 손익계산서계정은 다음과 같은 절차를 거쳐서 마감한다.

① 총계정원장에 집합손익(income summary)계정을 설정한다. 집합손익계정은 한 회계기간의 수익과 비용을 집계하여 당기순손익을 계산할 목적으로 설정되는 계정이다.

② 수익에 속하는 모든 계정의 잔액을 집합손익계정의 대변에 대체한다. 즉 수익계정의 잔액은 대변에 나타나기 때문에 이 잔액을 0으로 만들기 위해서는 차변에 수익계정잔액을 적고 대변에 집합손익계정을 기록하여

야 한다.

(차) 수 익 ××× (대) 집 합 손 익 ×××

③ 비용에 속하는 모든 계정의 잔액은 집합손익계정의 차변에 대체한다. 즉 비용계정은 수익계정과 반대로 잔액이 차변에 나타나기 때문에 이 잔액을 0으로 만들기 위해서는 대변에 비용계정잔액을 적고 차변에 집합손익계정을 기록하여야 한다.

(차) 집 합 손 익 ××× (대) 비 용 ×××

④ 집합손익계정의 잔액(당기순손익)을 자본금계정에 대체한다. 수익계정과 비용계정의 잔액이 모두 집합손익계정에 집계되면 차변총액은 한 회계기간의 비용총액을, 대변총액은 수익총액을 나타내므로 그 차액은 당기 순손익이 된다. 즉 집합손익계정의 차변에 잔액이 생기면(비용>수익) 당기순손실을, 대변에 잔액이 생기면(비용<수익) 당기순이익을 의미한다. 이러한 당기순손익은 결국 자본의 증감을 가져오므로 이익잉여금(또는 자본금)계정에 대체를 하는 것이다. 이때의 대체분개는 다음과 같다.

i) 당기순이익 발생시:
(차) 집 합 손 익 ××× (대) 이익잉여금 ×××

ii) 당기순손실 발생시
(차) 이익잉여금 ××× (대) 집 합 손 익 ×××

이제까지 설명한 손익계산서계정의 마감절차를 표로 나타내면 다음과 같다.

<표 3-2> 손익계산서계정의 마감절차(당기순이익의 경우)

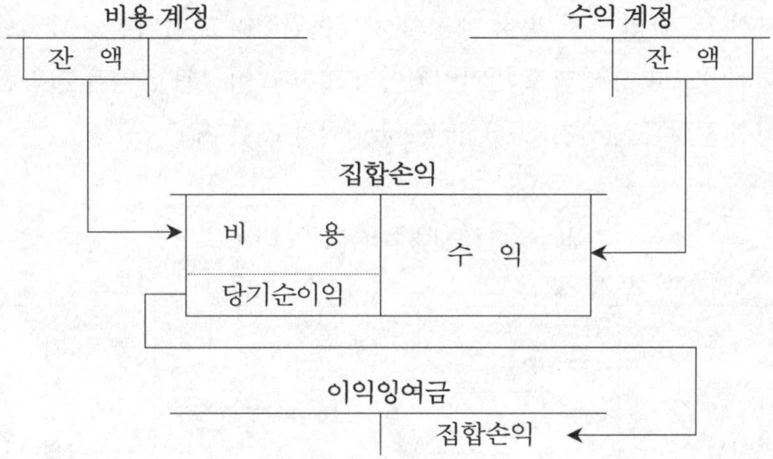

2. 대차대조표계정의 마감

대차대조표계정인 자산, 부채 및 자본계정은 수익 · 비용계정과는 달리 특정 회계기간이 끝나도 계정잔액들을 소멸시키지 않고 다음 회계기간에 이월시켜야 한다. 이러한 이유로 대차대조표계정들을 영구계정(permanenet account)이라고 부르기도 한다. 대자대조표계정을 마감하는 방법에는 대륙식과 영미식이 있는데, 여기서는 별도의 분개절차가 필요없고 회계실무에서 널리 사용되고 있는 영미식에 의한 마감방법절차에 대하여 설명하도록 하겠다.

① 자산에 속하는 계정은 차변에 잔액이 생기고, 이 잔액은 차기(다음 회계연도)에 이월되어 활용되는 금액이므로 결산일자로 대변에 차기이월이라고 붉은 색으로 기입하고 차변과 대변의 합계액을 일치시켜 마감한다.

② 부채와 자본에 속하는 계정은 자산계정과는 반대로 잔액이 대변에 생기며, 이 잔액도 차기로 이월되는 금액이므로 결산일자로 차변에 차기이월이라고 붉은 색으로 기입하고 차변과 대변의 합계액을 일치시켜 마감한

다. 이러한 절차를 마감기입(closing entry)이라고 한다.

③ 자산, 부채 및 자본의 각 계정의 차기이월이라고 기입한 반대쪽에 다음 회계연도의 첫 날짜로 전기이월이라고 하고 이월된 금액을 기입한다. 이러한 절차를 개시기입(opening entry)이라고 한다.

<표 3-3> 대차대조표계정의 마감방법

자 산 계 정

증 가		감 소	
		차기이월	×××
	×××		×××
전기이월	×××		

부채 및 자본계정

감 소		증 가	
차기이월	×××		
	×××		×××
		전기이월	×××

3. 이월시산표의 작성

손익계산서계정은 당기의 경영성과를 파악하기 위한 계정(임시계정)들이지만, 대차대조표계정들은 회계기말 현재의 재무상태를 파악한 후 그 잔액을 정리하여 다음 회계기간으로 이월시켜야 되기 때문에(영구계정) 결산정리분개와 계정기입이 정확하게 이루어졌는가를 확인하기 위한 절차가 필요하다. 이러한 목적을 위하여 결산정리기입을 하고 난 후 자산, 부채, 자본계정의 잔액을 중심으로 총계정원장에 남는 잔액을 한 곳에 모아놓게 되는데 이때 작성하는 표를 이월시산표 또는 결산후 시산표(post-closing trial balance)라고 한다.

4 재무제표분석

제1절 재무제표분석의 의의

기업의 이해관계자들은 기업과 관련된 각종 자료를 분석하여 기업에 대한 평가를 내리고 의사결정을 한다. 그런데 기업의 이해관계자들이 경제적 의사결정을 위하여 이용하는 정보들 중에서 특히 회계정보는 다른 어떤 정보원천보다 기업의 재무상태, 경영성과, 현금흐름 등에 대해서 포괄적이고 종합적인 정보를 제공해 주고 있다. 따라서 회계정보를 이용하여 기업의 전체적 모습을 파악할 수 있을 뿐만 아니라, 필요한 경우 구체적인 내용을 추출해 낼 수도 있다.

이와 같이 기업의 이해관계자들이 요구하는 기업과 관련된 정보를 회계자료인 재무제표의 수치들로부터 도출하고 해석하는 일련의 과정을 재무제표분석(financial statement analysis)이라고 한다. 즉 재무제표분석이란 기업의 재무제표자료를 분석하여 그 기업의 경영성과와 재무상태를 평가하는 것을 의미한다. 재무제표분석을 통해 기업의 내재가치(intrinsic value)를 결정하게 되며, 이러한 내재가치를 기업의 현재 시가와 비교하여 기업가치에 대한 고평가 또는 저평가 여부를 판단할 수 있다.

재무제표분석은 특히 다음과 같은 몇 가지 장점이 있기 때문에 많이 이용된다.

첫째, 재무제표정보는 일반 대중에게 공시되는 공적 정보이기 때문에 정보이용자는 큰 비용을 들이지 않고 쉽게 정보를 얻을 수 있을 뿐더러, 자료전달에 소요되는 시간과 공간적 제약이 거의 없다.

둘째, 정보생산자인 기업과 정보이용자 사이에 독립적 제3자인 외부감사인이 회계정보의 적정성에 대하여 평가를 하기 때문에 비공식적 원천에서 얻는 다른 경영자료보다 정보의 신뢰성이 높다.

셋째, 재무제표는 다양한 관심사를 갖는 이해관계자들의 공통적인 정보욕구를 최소한으로 충족시키는 입장에서 작성된 것이기 때문에 기업의 전체적 모습을 파악할 수 있을 뿐만 아니라 다양한 측면에서 분석이 가능하다.

제2절 비율분석

1. 비율분석의 의의

(1) 비율분석의 의의와 유용성

가장 일반적으로 행해지는 재무제표분석기법은 재무비율을 기간간 혹은 기업간 비교하는 재무비율분석이다. 기업의 재무상태나 경영성과를 나타내 주는 수단으로서 가장 널리 사용되는 수단이 재무비율이다. 재무비율이란 재무제표나 기타의 재무자료를 구성하는 어느 두 항목의 상대적 크기로 측정되는 것으로서 일정한 경제적 의미를 담고 있는 것이라야 한다. 재무비율을 계산함으로써 복잡한 구성을 가지고 있는 재무자료를 분명한 경제적 의미를 나타내면서도 간결하며 이해하기 쉬운 수치 또는 지표로 나타낼 수 있게 된다. 기업의 재무제표나 기타의 재무자료를 구성하는 항목은 매우 많기 때문에 이로부터 만들어질 수 있는 재무비율 역시 매우 다양하게 구할 수 있다. 그러나 재무비율로서 유용한 것이 되기 위해서는 그 비율이 명료한 경제적 의미를 담고 있어야 하나, 실제로 명료한 경제적 의미를 담고 있는 비율의 수는 그리 많지 않다. 비율분석은 명료한 경제적 의미를 담고 있는 재무비율을 관찰하여 기업의 재무상태나 경영성과를 판단하고자 하는 경영분석방법이다. 재무제표분석에서 가장 전통적으로 사용되어 왔으며 가장 널리 사용되고 있는 분석법이 비율분석 또는 재무비율분석(financial ratio analysis)이다.

이러한 비율분석은 기업의 경영성과와 재무상태에 관한 정보를 필요로 하는 다양한 이해관계자들에 의해 가장 폭넓게 오랫동안 이용되어 왔는데 여기에는 몇 가지 이유가 있다.

첫째는 가장 저렴하게 구할 수 있는 재무제표로부터 실제값을 구하기 때문에 자료의 수집과 비율의 계산이 쉽다는 점이다.

둘째는 이용하기가 간편하다는 점이다. 재무제표를 구성하는 수만큼이나 재무비율도 수없이 구성할 수 있으나, 경제적 의미와 논리적 연계성이 분명하여 의사결정자에게 실제로 의미가 있는 정보로 이용되는 것은 50여 가지를 넘지 않는다.

셋째는 계산된 비율의 경제적 의미가 비교적 선명하며, 분석도구로서 많은 유용성을 갖고 있기 때문이다. 더욱이 특정기업의 재무비율을 산업평균과 같은 표준비율과 비교함으로써 경영상태를 보다 객관적으로 평가할 수 있고 과거 수년간의 추세를 분석함으로써 경영내용이 개선되고 있는지 악화되고 있는지를 평가할 수 있으므로 유용한 정보가 되고 있다.

이상과 같은 이유 때문에 비율분석은 오래 전부터 내부경영관리, 채권평가나 대출의사결정을 위한 신용분석, 증권투자 및 부실예측 등과 같은 경영분석의 대표적인 방법으로 많은 분야에서 이용되고 있다.

전통적으로 재무비율을 해석하는 하나의 주된 방법은 기업간 비교나 기간비교이었으며, 부분적으로는 선험적 판단에 의해 이상적인 것으로 생각되는 기준비율과 비교하는 방법도 사용되었다. 그러나 1960년대 이후 재무비율의 직접적 비교에 그치는 기업간 비교나 기간비교에서 한층 더 발전하여, 보다 많은 자료에 기초하고 정교한 통계방법을 구사하는 횡단면분석이나 시계열분석이 중심을 이루게 되었다. 1960년대 이후 비율분석에서 나타난 새로운 흐름은 재무비율의 경제적 의미를 보다 분명하게 하고 재무비율의 유용성을 실증적으로 판단하고자 하는 것이다.

(2) 비율분석상의 유의점

비율분석이 기업의 재무적인 건강상태를 평가하는 매우 유용한 방법이지만 그 유용성을 높이기 위해서는 비율분석이 갖는 한계점을 사전에 인식하여 분별력 있게 사용해야만 한다. 비율분석을 경영평가에 활용할 때 유의해야 할 사항은 다음과 같다.

첫째, 재무비율은 기업의 재무적 건전도를 나타내는 하나의 신호(signal)로서의 의미가 있다. 즉 비율분석의 결과 유동성이 나쁜 것으로 나타났다면 이것은 기업의 재무적 건강상태가 나쁘다는 하나의 징후(symptom)이지 근본적 원인은 아니라는 것이다. 따라서 재무비율은 기업의 재무적 건전도를 나타내는 부분적인 정보로서 그 다음 단계의 원인분석을 수행해야만 의미가 커진다.

둘째, 재무비율에 담겨진 정보내용은 이용자의 입장에 따라 상대적일 수 있다. 예를 들어 현금화가 쉬운 유동성이 높다는 정보는 채권자 입장에서는 긍정적으로 평가되지만 주주 입장에서는 수익성을 저하시키는 요인으로 평가할 수도 있다는 것이다.

셋째, 비율분석은 결국 재무제표를 기본으로 이루어지기 때문에 재무제표 자체가 신빙성이 있는 회계자료이어야 한다. 만약 그렇지 못하면 분석 결과 역시 의미를 완전히 상실하고 만다.

넷째, 비율분석은 과거 일정기간의 재무상태가 미래에도 계속될 것이라는 가정에서 과거의 회계정보에 근거하여 재무적 건전도를 평가하기 때문에 미래에 대한 예측자료로 활용하기에는 한계가 있다. 대부분의 경제적 의사결정은 과거나 현재에 대한 정보는 물론 미래에 대한 예측정보까지도 필요로 하고 있다. 그래서 비율분석이 이러한 한계점을 극복하기 위해서는 질적 자료나 다른 분석기법을 보완하여 사용하여야만 한다.

2. 재무비율의 체계

재무제표분석에서 사용되는 재무비율은 분석의 목적과 이해관계자의 정보 필요성(information need)에 따라 다양하다.

재무비율들을 분류하는 가장 단순한 방법은 재무비율을 계산하는 자료의 원천에 따라 분류하는 방법이다. 즉 재무비율을 계산할 때 사용한 항목이 어느 재무제표에서 유래한 것인가에 따라 대차대조표비율, 손익계산서비율, 현금흐름표비율, 혼합비율 등으로 분류할 수 있다.

또한 재무비율을 정태비율과 동태비율로 나누기도 한다. 정태비율은 일정 시점에서의 재무상태를 나타내는 재무비율로서, 분자와 분모 모두가 일정시점의 재무상태를 나타내는 대차대조표항목인 재무비율들이다. 동태비율은 일정기간의 재무성과를 나타내는 재무비율로서, 분자와 분모 모두 또는 하나가 손익계산서나 현금흐름표 또는 제조원가보고서에서 얻어진 재무비율이다.

그러나 보다 의미있게 재무비율을 분류하는 방법은 재무비율의 경제적 의미에 따라 분류하는 것이다. 즉 기업의 유동성, 장기지급능력, 수익성, 생산성 등 다양한 의미에 따라 재무비율을 분류하는 방법이 보다 일반적으로 사용되는 방법이다. 이러한 경제적 의미에 따른 재무비율의 분류방식은 대체로 정보이용자들의 필요와 일치하고 있으며, 의사결정자의 정보필요성이나 분석자의 분석목적에 따라 조금씩 다르게 분류될 수 있다.

본서에서는 가장 일반적으로 이용되고 있는 여섯 가지 범주로 분류하였다. 각 비율의 특성과 종류를 요약하면 <표 4-1>과 같다.

<표 4-1> 재무비율의 분류와 특성

분 류	특 성	관련 비율
수익성 비율 (profitability ratios)	매출액 또는 투하자본에 대한 이익률을 계산하여 기업의 종합적 성과를 측정	매출액순이익률, 총자본순이익률, 자기자본순이익률, 주당순이익
유동성 비율 (liquidity ratios)	단기채무의 상환능력을 측정	유동비율, 당좌비율
레버리지 비율 (leverage ratios)	부채의존도를 나타내는 것으로 기업의 장기채무지급능력을 측정	부채비율, 자기자본비율
활동성 비율 (activity ratios)	기업이 소유하고 있는 자산들의 효율적 이용정도를 측정	재고자산회전율, 매출채권회전율, 총자산회전율
성장성 비율 (growth ratios)	기업이 경영규모 및 기업활동의 성과 등의 성장가능성을 측정	총자산증가율, 매출액증가율, 순이익증가율
시장가치 비율 (market value ratios)	주식시장에서의 기업가치를 측정	주가수익비율, 주가-장부가치비율

제3절 재무비율의 의미와 계산방법

본서에서는 재무제표분석시에 사용하는 재무비율들을 6개의 범주로 나누었다. 이러한 재무비율들의 계산방법과 각각의 비율이 갖고 있는 정보의 내용을 살펴보기로 한다. 다음의 예시 자료는 한 기업의 2004년, 2005년, 2006년의 요약대차대조표와 요약손익계산서이다. 그리고 기업의 상대적 재무건전도를 비교하기 위하여 2006년 해당산업 평균재무비율과 경쟁업체의 재무비율을 제시하였다.

<표 4-2> 요약비교대차대조표

(단위 : 백만원)

과 목	2006	2005	2004
Ⅰ. 유동자산	5,968,146	7,781,314	5,758,192
1. 당좌자산	4,098,526	5,439,862	3,541,365
현금과 예금	1,187,479	1,367,157	963,032
매출채권	1,620,221	2,810,618	1,674,663
기타당좌자산	1,290,826	1,262,087	1.674,663
2. 재고자산	1,869,620	2,341,452	2,216,826
Ⅱ. 고정자산	14,807,935	15,284,204	10,080,267
1. 투자자산	6,274,389	4,783,151	3,827,295
2. 유형자산	7,501,721	7,159,313	6,158,617
3. 무형자산	1,030,825	3,341,740	94,355
자산총계	20,776,081	23,065,517	15,838,458
Ⅰ. 유동부채	5,415,567	5,869,556	3,483,341
매입채무	1,094,628	1,029,771	750,179
단기차입금	238,413	1,311,945	770,669
기타유동부채	4,082,525	3,527,840	1,962,494

(앞면에서 계속)

과 목	2006	2005	2004
Ⅱ. 고정부채	8,390,532	11,365,998	7,329,665
사채	4,959,077	3,674,777	2,076,530
기타고정부채	3,431,455	7,691,221	5,253,135
(부채총계)	13,806,099	17,235,576	10,813,006
Ⅲ. 자본			
자본금	743,335	609,817	574,122
자본잉여금	2,249,886	1,475,943	1,153,981
이익잉여금	4,251,611	4,030,380	3,971,206
자본조정	− 274,850	− 286,199	− 673,857
(자본총계)	6,969,982	5,829,941	5,025,452
부채와 자본총계	20,776,081	23,065,517	15,838,458

<표 4-3> 요약비교손익계산서

(단위 : 백만원)

과 목	2006	2005	2004
Ⅰ. 매출액	20,084,177	18,465,359	15,874,544
Ⅱ. 매출원가	13,975,749	12,701,065	11,922,509
(매출총이익)	6,108,428	5,764,294	3,952,034
Ⅲ. 판매비와 관리비	3,008,469	2,908,074	2,505,185
(영업이익)	3,099,959	2,856,220	1,446,849
Ⅳ. 영업외수익	1,827,612	2,452,610	488,229
이자수익	313,512	152,473	194,686
배당금수익	23,703	18,709	11,689
외환차익	1,041,919	1,869,713	152,576
기타영업외수익	448,477	411,715	129,276
Ⅴ. 영업외비용	4,486,718	5,152,767	1,711,448
이자비용	1,116,347	759,045	415,293
외환차손	1,035,283	2,092,372	136,411
기타영업외비용	2,335,087	2,301,349	1,159,745

(앞면에서 계속)

과　　　목	2006	2005	2004
(경상이익)	440,853	156,064	223,630
Ⅵ. 특별이익	283,727	66	12,020
Ⅶ. 특별손실	313,723	2,509	30,006
(법인세비용차감전순이익)	410,856	153,621	205,645
Ⅷ. 법인세비용	97,640	30,116	44,368
(당기순이익)	313,216	123,505	161,276
(*)주당경상이익(원)	3,257	1,259	
(*)주당순이익(원)	2,106	1,232	1,784
발행주식수(천주)	148,667	121,963	

<표 4-4> 산업평균 및 경쟁업체의 주요 재무비율(2006년)

관 련 비 율		산업평균	경쟁업체
수익성 비율(%)	매출액순이익률	−1.37	1.14
	총자산순이익률	−1.25	1.28
	자기자본순이익률	−4.40	6.67
유동비율(%)	유동비율	93.15	66.46
	당좌비율	78.59	53.18
레버리지비율(%)	부채비율	212.92	375.01
	자기자본비율	31.96	21.05
활동성 비율(회)	매출채권회전율	4.09	11.41
	재고자산회전율	12.29	16.38
	총자본회전율	0.92	5.86
성장성 비율(%)	총자산증가율	−6.18	−1.47
	매출액증가율	−5.04	6.63
	순이익증가율	−311.21	22.35

1. 수익성 비율(profitability ratios)

수익성(profitability ratios)이란 기업의 모든 경영정책과 의사결정 및 경영활동 등의 종합적 결과로 나타나는 경영성과를 의미한다. 즉 자본의 투자로부터 어느 정도의 이익이 얻어졌는가를 의미한다. 그러므로 기업의 경영자, 주주, 종업원, 채권자 등과 같은 기업의 이해관계자들이 큰 관심을 가지고 있는 비율이다.

기업의 궁극적인 목적은 수익성의 추구에 있다. 따라서 수익성을 측정하는 재무비율들은 기업목표달성의 유효성(effectiveness)을 나타내는 것이라고 할 수 있다. 실무적으로 기업의 수익성은 두 가지 측면으로 나누어 측정된다. 그 하나는 매출액에 대해서 어느 정도의 이익을 얻었는지를 측정하는 매출액이익률이며, 다른 하나는 투입자본에 대해서 어느 정도의 이익을 얻었는지를 측정하는 투자이익률이다.

또한 수익성을 측정하는 이익으로는 총이익, 영업이익, 경상이익, 순이익이 있다. 그런데 일반적으로 대부분의 이해관계자들은 순이익에 관심이 있기 때문에 수익성 비율은 순이익관련 비율이 대부분이다. 이익의 추세나 영업본래의 수익성을 살펴보기 위해서 경상이익이나 영업이익을 이용하기도 한다.

(1) 매출액이익률(income to net sales)

매출액이익률(income to net sales)은 분모에 사용되는 이익의 종류에 따라 매출액총이익률, 매출액영업이익률, 매출액경상이익률, 매출액순이익률 등으로 구분한다. 매출액총이익률은 매출총이익과 매출액을 비교하고, 매출액영업이익률은 영업이익과 매출액을, 매출액경상이익률은 경상이익과 매출액을 비교한다. 매출액순이익률은 당기순이익과 매출액을 비교하여 기업경영의 전반적인 수익성을 판단하기 위하여 사용된다.

사례기업의 매출액순이익률을 구하면 다음과 같다.

$$\text{매출액순이익률} = \frac{\text{당기순이익}}{\text{매출액}} = \frac{313,216}{20,084,177} \times 100 = 1.56\%$$

(산업평균 : －1.37%, 경쟁업체 : 1.14%)

사례기업은 산업평균이나 경쟁업체보다 높기 때문에 해당산업이 처한 상황에 비하여 비교적 능률과 수익성이 양호한 편이라고 할 수 있다. 매출액순이익률은 높을수록 좋다.

(2) 자본순이익률(net income to assets)

자본순이익률(net income to assets)은 총자산순이익률(return on total assets, ROA)과 자기자본순이익률(return on equity, ROE)로 계산된다.

총자산순이익률은 기업에 투자된 총자산이 얼마나 효율적으로 운용되고 있는가를 측정하는 비율로서 투자수익률(return on investment : ROI)이라고도 한다. 또 자기자본순이익률은 당기순이익을 기준으로 자기자본의 효율적 이용도를 나타내는 척도이다. 여기서 자본액은 기초잔액과 기말잔액의 평균을 이용한다.

2006년말 현재 사례기업의 총자산순이익률과 자기자본순이익률은 다음과 같다.

$$\text{총자산순이익률} = \frac{\text{당기순이익}}{\text{총자산}} = \frac{313,216}{21,920,799} \times 100 = 1.43\%$$

(산업평균 : －1.25%, 경쟁업체 : 1.28%)

$$\text{자기자본순이익률} = \frac{\text{당기순이익}}{\text{자기자본}} = \frac{313,216}{6,399,962} \times 100 = 4.89\%$$

(산업평균 : －4.40%, 경쟁업체 : 6.67%)

총자산순이익률 0.0143이란 총자본 100원에 대하여 당기순이익이 1.43원이라는 의미이다. 또한 자기자본이익률은 자기자본 100원에 대하여 당기순이익이 4.89원이라는 것이다.

총자산순이익률은 기업의 총자산에 대한 수익성을 나타내는 비율로 흔히 사용하고 있으나 논리적으로는 적절한 수익성 비율이라고 할 수 없다. 왜냐하면 분자인 순이익은 기업소유자의 지분(자기자본)에 귀속되는 이익이지만, 분모인 총자산은 채권자와 기업소유자(주주)가 제공한 자본의 총계를 표시하고 있기 때문이다.

기업이나 주주의 입장에서는 수익성 비율 중에서 자기자본순이익률을 가장 중요시하는 경향이 있다. 왜냐하면 이 비율은 같은 기간의 정기예금 금리와 비교함으로써 자본의 효율성이 평가되어 주식가격과 밀접하게 움직이기 때문이다.

사례기업의 경우 산업평균보다 대체로 높게 나타나지만 자기자본순이익률이 정기예금 금리보다 낮다. 또한 총자본순이익률이 자기자본순이익률보다 상대적으로 더 낮은 것은 부채비율이 높다는 사실에서 기인한 것으로 추측할 수 있다.

2. 유동성 비율(liquidity ratios)

유동성 비율(liquidity ratios)은 기업의 단기부채(유동부채)의 상환능력을 판단하기 위하여 사용되는 비율이다. 그러므로 유동성 비율은 기업의 단기채권자들이 가장 중요시하는 비율이다. 그러나 기업의 유동성 즉 현금화 가능성이 높은 자산이 많다는 것은 단기채권자들의 입장에서는 바람직한 것으로 평가할 수 있으나, 경영자나 주주의 입장에서는 수익성을 낮출 수 있는 요인으로 작용할 수 있기 때문에 비판적으로 평가할 수도 있다.

기업의 단기채무는 대차대조표에 유동부채의 각 항목으로 표시되어 있다. 그러나 기업의 단기채무는 대차대조표상의 유동부채에만 한정되는 것이 아니라 단기적으로 부담하여야 하는 지급이자나 매일의 정상적 영업활동을 수행하는데 있어 필수적인 노무비, 재료비, 제세공과 등도 단기채무에 해당된다. 그러한 단기채무를 상환하기 위해 동원할 수 있는 자산이 유동자산이다. 따라서 기업의 유동성을 평가하기 위해서는 단기채무(유동부채)에 비하여 어느 정도의 유동자산을 보유하고 있는가를 비교하여 보아야 한다.

(1) 유동비율(current ratio)

유동비율(current ratio)은 대차대조표상에 있는 유동자산을 유동부채로 나누어 계산되는 비율이며 기업의 유동성, 즉 단기자금흐름의 안정성을 측정하는 대표적인 비율이다. 유동자산은 만기가 다가오는 채무를 우선적으로 지급할 수 있는 재원이 되므로 이 비율이 높을수록 단기부채를 상환할 수 있는 능력이 높다고 하겠다. 전통적으로 은행가들이 기업의 단기적 신용도를 평가하는 과정에서 유동비율을 중요시하였기 때문에 이를 은행가비율(banker's ratio)이라고도 부르며, 일반적으로 2:1의 원칙을 적용하고 있다. 2:1의 원칙이란 유동자산이 유동부채의 2배 이상이 되어야 건전한 신용도를 가지는 것으로 판단한다는 것을 의미한다. 그러나 이는 환경에 따라 달라질 수 있기 때문에 일률적으로 적용하기는 어렵다고 하겠다.

2006년말 현재 사례기업의 유동비율은 아래와 같다.

$$\text{유동비율} = \frac{\text{유동자산}}{\text{유동부채}} = \frac{5,968,146}{5,415,567} \times 100 = 110.20\%$$

(산업평균 : 93.15%, 경쟁업체 : 66.46%)

유동비율 1.10은 유동부채 1원에 대하여 1.10원의 유동자산을 보유하고 있다는 의미이다. 사례기업의 경우 산업평균이나 경쟁업체보다 유동자산을 이용하여 당장 채무를 상환하는데 다소 용이한 것으로 판단된다.

유동비율을 이용하여 기업의 단기지급능력을 평가할 때는 유동자산의 구성비를 고려하여야 한다. 즉 만일 유동자산 중 당좌자산이 적고 재고자산의 내용이 부실하다면 유동비율은 기업의 지급능력을 제대로 반영하지 못할 수 있다. 따라서 다음에 설명할 당좌비율이나 부채비율과 같은 다른 보완적인 비율들을 동시에 검토해야만 한다.

(2) 당좌비율(quick ratio)

유동자산에는 현금과 예금, 유가증권, 매출채권과 같은 당좌자산과 상품, 제품, 반제품, 재공품과 같은 재고자산이 포함되는데, 이 중에서 재고자산은 생산 및 판매과정을 거쳐야 현금화될 수 있으므로 다른 유동자산에 비하면 유동성이 낮다고 하겠다. 그래서 유동자산에서 재고자산을 뺀 나머지 당좌자산만을 유동부채로 나누면 유동비율보다 단기부채에 대한 상환능력을 더욱 엄격

하고 민감하게 반영하게 될 것이다. 당좌비율(quick ratio)은 바로 이러한 측면을 평가하기 위하여 당좌자산을 유동부채로 나눈 것이다. 즉 당좌비율은 유동비율을 보수적으로 계산한 결과이다.

당좌비율은 산성도를 시험할 때 리트머스 시험지를 사용하는 것과 마찬가지로 유동성을 보다 민감하게 나타내 준다고 해서 산성시험비율(acid-test ratio)이라고 불리며, 흔히 유동성을 나타내는 보조비율로 사용된다.

2006년 말 현재 사례기업의 당좌비율은 다음과 같다.

$$\text{당좌비율} = \frac{\text{당좌자산}}{\text{유동부채}} = \frac{4,098,526}{5,415,567} \times 100 = 75.68\%$$

(산업평균 : 78.59%, 경쟁업체 : 53.18%)

당좌비율 0.756은 유동부채 1원당 0.756원의 당좌자산을 가지고 있음을 의미한다. 일반적으로 당좌비율이 100% 이상인 경우 유동성이 좋은 것으로 평가한다.

(3) 영업비용방어기간

기업의 유동성을 측정하는 또 다른 방법은 기업의 정상적인 영업을 유지하는데 필요한 현금유출(cash outflow)을 지급용 자산 또는 당좌자산과 비교하는 것이다. 이를 위해 사용하는 재무비율이 영업비용방어기간이다. 이는 당좌자산을 1일 평균 영업비용지출액으로 나누어 계산한다. 또 1일 평균영업비용지출액은 기업의 생산, 판매, 재무활동에 소요되는 각종 현금지출을 360일로 나누어 계산한다.

$$\text{영업비용방어기간} = \frac{\text{당좌자산}}{\text{1일평균영업비용지출액}}$$

3. 레버리지비율(leverage ratios)

레버리지비율(leverage ratios)은 기업이 조달한 자금총액 중에서 채권자로부터 조달한 자본이 얼마인지를 나타내는 비율로, 기업의 타인자본 의존도를 평가하는 비율이다. 또한 레버리지비율은 단기지급능력보다는 장기지급능력을 표시하기 때문에 부채성비율이라고도 한다.

레버리지비율은 기업의 자본구조, 즉 부채비율을 나타내는 재무비율로서 다음과 같은 세 가지 경제적 의미를 가지고 있다.

첫째, 채권자들은 기업의 자기자본을 안전도(margin of safty)로 간주한다. 그들은 기업의 자기자본의 비율이 높을수록 부채상환의 안전도가 큰 것으로 간주한다.

둘째, 기업자산의 기대수익률이 부채에 대한 이자율보다 높으면 자기자본의 기대수익률은 확대되는 경향이 있는데, 이를 재무레버리지(financial leverage)라고 부른다.

셋째, 기업자산의 기대수익률이 이자율보다 높은 경우라 할지라도, 보다 많은 부채를 사용할 경우 기업소유자들은 보다 많은 재무위험을 부담하게 된다.

이상에서 살펴본 바와 같이 레버리지비율은 바로 재무구조의 건전도를 나타내며, 유동성 비율과 함께 장 · 단기 채권자의 재무위험(financial risk)을 측정하는데 이용된다.

실무상 레버리지비율은 두 가지 방법으로 측정된다. 그 하나는 자본조달원천을 나타내는 대차대조표 대변의 구성항목을 가지고 측정하는 방법이고, 또

하나는 기업의 영업이익이 고정재무비용의 몇 배나 되는지를 계산하여 부채의 위험도를 측정하는 방법이다.

(1) 부채비율(debt ratio)

부채비율(debt ratio)은 부채총액을 자기자본으로 나누어 사용하거나, 부채총액을 총자본으로 나누어 사용하기도 한다. 어떤 방법으로 계산하든 비율간의 상관관계가 높기 때문에 사용자의 편의에 따라 선택할 수 있다.

부채비율은 앞에서 설명한 바와 같이 채권자들의 위험부담의 정도와 손익확대효과의 정도를 평가하는 기초정보로서 중요한 의미가 있다. 즉 부채비율이 높을수록 채권자들의 채권상환의 안전도는 떨어지는 것을 의미하며, 손익확대효과는 커지는 것을 의미한다.

한편 부채비율과 관련하여 고려해야 할 문제들은 다음과 같다.

첫째, 분자에 유동부채와 우선주를 포함시켜야 하는지 하는 문제이다.

둘째, 리스(lease)를 장기부채에 포함시킬 것인가 하는 문제이다.

셋째, 고정부채를 장부가치로 평가할 것인지 또는 시장가치로 평가할 것인지 하는 문제이다.

이상과 같은 문제들은 분석목적에 따라 각각 다른 결론을 가지게 될 것이다.

2006년말 현재 사례기업의 부채비율을 계산하면 다음과 같다.

$$\text{부채비율} = \frac{\text{총부채}}{\text{자기자본}} = \frac{13,806,099}{6,969,982} \times 100 = 198.08\%$$

(산업평균 : 212.92%, 경쟁업체 : 375.01%)

부채비율이 1.98이라는 것은 자기자본총액에 비해 부채총액이 1.98배임을 의미한다. 사례기업의 경우 산업평균과 비슷하기 때문에 채권자들이 느끼는 상대적 위험정도에는 차이가 없는 상태라고 할 수 있다.

(2) 자기자본비율(net worth to total assets ratio)

자기자본비율(net worth to total assets ratio)은 총자본 중에서 자기자본이 차지하는 비율로서 이 비율이 높을수록 타인자본(부채)에 대한 의존도가 낮기 때문에 기업의 재무적 안전성이 보장된다.

2006년말 현재 사례기업의 자기자본비율은 아래와 같다.

$$\text{자기자본비율} = \frac{\text{자기자본}}{\text{총자본}} = \frac{6,969,982}{20,776,081} \times 100 = 33.55\%$$

(산업평균 : 31.96%, 경쟁업체 : 21.05%)

자기자본비율 0.33은 자산 1원당 0.33원이 주주에게 속한다는 의미이다. 우리나라 대부분의 기업들은 재무구조가 취약하여 자기자본비율이 외국의 경쟁기업들에 비하여 매우 낮은 것이 문제로 지적되어 왔다.

(3) 이자보상률(times interest ratios)

부채비율은 일정시점의 대차대조표로부터 계산된 것이기 때문에 정태적 성격을 가지며, 장기채무의 상환에 필요한 현금흐름을 고려하지 못하고 있다. 이러한 단점을 보완하고 장기채무의 상환에 필요한 현금흐름을 고려하여 기업의 장기채무지급능력을 평가하고자 한 것이 여러 가지 보상률이다. 이러한 보상률 가운데 대표적인 것이 이자보상률이다. 이 비율은 이자 및 법인세 지급전

이익(earnings before interest and taxes :EBIT)이 지급이자의 몇 배인가를 말해준다. 이자지급에 사용할 수 있는 이익흐름은 EBIT이므로, EBIT가 지급이자의 몇 배인가를 계산함으로써 부채의 안전도를 분석할 수 있다는 논리에서 이 비율을 사용한다. 즉 이자보상률은 채무에 대한 이자지급능력을 나타낸다고 할 수 있을 것이다.

(4) 고정장기적합률

일반적으로 고정자산에는 자금이 장기간 묶여있게 된다. 따라서 고정자산은 자본이나 장기부채로 조달하는 것이 바람직하다고 할 수 있다. 즉 고정장기적합률은 100% 이하일 경우가 바람직하다고 하겠다. 이 비율이 100%를 초과한다는 것은 고정자산에 대한 자금의 일부가 유동부채로 충당되었음을 의미한다. 그것은 유동부채가 운전자금으로 사용되지 않고 설비자금으로 사용되었다는 의미이므로 기업의 유동성에 문제가 있다고 해석할 수 있다.

$$\text{고정장기적합률} = \frac{\text{고정자산}}{(\text{자본} + \text{고정부채})}$$

4. 활동성 비율(activity ratios)

활동성 비율(activity ratios)이란 기업이 경영활동을 위하여 소유하고 있는 자산들이 어느 정도 효율적으로 활용되었는가를 나타내는 비율이다. 특정자산 관리의 효율성 정도를 표현한다는 의미에서 효율성비율(efficiency ratios)이라고도 한다.

기업의 영업활동을 가장 적절하게 측정할 수 있는 것은 매출액정보이다. 그래서 활동성 비율은 매출액을 재고자산, 매출채권, 총자산과 같은 각종 주요 자산의 금액으로 나눈 회전율(turnover ratios)로 표시한다.

이러한 활동성 비율 즉 회전율 정보는 다음과 같은 측면에서 유용하다.

첫째, 회전율은 특정의 자산이 정상적인 영업순환과정(재고자산 → 외상매출 → 현금)중 어느 단계에서 얼마의 자금이 묶여있는가를 판단하는 정보를 담고 있다. 그래서 정보이용자는 회전율을 분석하여 각 단계별로 얼마의 소요자금이 필요하고 이에 따라 자본배분을 어떻게 할 것인가를 결정할 수 있다.

둘째, 회전율은 특정자산에 투하된 자본 한 단위당 얼마의 매출이 실현되었는가를 나타내기 때문에 특정자산에 대한 투자의 적정성 여부를 평가하는 방법으로 이용될 수 있다.

(1) 재고자산회전율(inventory turnover ratio)

재고자산회전율(inventory turnover ratio)은 매출액을 재고자산으로 나눈 것으로서 재고자산이 일정기간 동안에 몇 번이나 현금 및 매출채권으로 전환하였는가를 측정하는 것이다.

재고자산회전율이 평균보다 낮을 경우는 기업이 비수익성 자산인 재고자산을 과다하게 보유함으로써 기업의 수익성 저하를 초래할 수 있다는 것이다. 반면에 평균보다 과도하게 높은 회전율은 판매활동이 매우 효율적으로 이루어지고 있다고 판단할 수 있지만 자칫 기업의 정상적 영업활동을 저해할 만큼 적은 재고자산을 유지하게 되기 때문에 재고자산관리에 보다 세심한 주의를 기울여야 된다는 것을 의미하고 있는 것이다.

회전율 계산시 재고자산의 금액으로 기말잔액이나 기초잔액과 기말잔액의 평균을 이용하기도 한다. 또한 재고자산회전율은 대차대조표 과목과 손익계산서 과목을 함께 사용하고 있기 때문에 시간적 차이로 인한 영향을 최소화하기 위하여 평균값을 이용하는 것이 타당하다고 본다.

2006년 사례기업의 재고자산회전율은 다음과 같다.

$$\text{재고자산회전율} = \frac{\text{매출액}}{\text{재고자산}} = \frac{20,084,177}{2,105,536} = 9.54\text{회}$$

(산업평균 : 12.29%, 경쟁업체 : 16.38%)

재고자산회전율 9.54회라는 것은 사례기업이 2006년에 재고자산을 9.54회 정도 팔고 회전시켰다는 것을 의미한다. 사례기업의 재고자산회전율은 산업평균이나 경쟁업체인 경쟁업체보다 낮은데 이것은 사례기업이 재고자산을 과도하게 보유하고 있거나 혹은 영업활동이 평균 이하로 비효율적이었다는 것을 의미한다.

(2) 매출채권회전율(receivables turnover ratio)

매출채권회전율(receivables turnover ratio)은 매출액을 매출채권(외상매출금, 받을어음 등)으로 나눈 비율로 매출채권이 현금화되는 속도 또는 매출채권에 대한 자산투자의 효율성을 측정하는데 이용된다. 따라서 이 비율이 높을수록 매출채권 관리가 효율적이라고 판단한다.

2006년 사례기업의 매출채권회전율은 아래와 같다. 매출채권액 역시 기초잔액과 기말잔액의 평균을 이용하였다.

$$\text{매출채권회전율} = \frac{\text{매출액}}{\text{매출채권액}} = \frac{20,084,177}{2,215,419} = 9.06\text{회}$$

(산업평균 : 4.09%, 경쟁업체 : 11.41%)

매출채권회전율 9.06회라는 것은 사례기업이 2006년에 매출채권을 9.06회 정도 회전시켰다는 것을 의미한다. 사례기업의 매출채권회전율은 산업평균보다 훨씬 높아 해당산업의 신용정책이나 판매관행보다 사례기업이 더 효율적이었다는 것을 의미한다.

그런데 매출채권회전율은 다음과 같이 매출채권의 발생에서 회수되기까지 소요되는 평균기간으로 나타내면 자금이 매출채권에 묶여있는 정도를 분명하게 이해할 수 있다. 즉 1년 365일을 매출채권회전율로 나누면 매출액이 얼마만에 현금화되는가(혹은 매출채권으로 묶여 있는가)를 판단할 수 있다. 이것을 매출채권의 평균회수기간(receivables average collection period)이라고 한다. 사례기업과 경쟁업체의 매출채권 평균회수기간을 구하면 다음과 같다.

- 사례기업 : 평균회수기간 = 365 ÷ 매출채권회전율 = 365 ÷ 9.06 = 40.29일
- 경쟁업체 : 평균회수기간 = 365 ÷ 매출채권회전율 = 365 ÷ 11.41 = 31.99일

위의 계산을 통해서도 알 수 있듯이 사례기업보다 경쟁업체의 매출채권 평균회수기간이 더 짧다는 것을 분명히 알 수 있다.

매출채권회전율에 대한 보다 정확한 평가를 위해서는 해당 산업이나 기업의 신용정책이나 판매조건, 목표회수기간 등을 동시에 고려해야 한다.

(3) 총자산(총자본)회전율(assets turnover ratio)

총자산회전율(assets turnover ratio)은 매출액과 총자산의 관계를 통해서 기업이 보유하고 있는 총자산이 매출수익의 창출에 얼마나 효율적으로 이용되고 있는가를 나타낸다. 이 비율이 높을수록 자산의 회전속도가 높아 자산을 효율적으로 이용하고 있다는 것으로 판단할 수 있다.

사례기업의 총자산회전율은 다음과 같다. 여기서 총자산액 역시 기초잔액

과 기말잔액의 평균을 이용한다.

$$총자산증가율 = \frac{당기총자산 - 전기총자산}{전기총자산}$$

$$= \frac{20,776,081 - 23,065,517}{23,065,517} = -9.93\%$$

(산업평균 : −6.18%, 경쟁업체 : −1.47%)

일반적으로 회전율은 자산운용의 수익성과 관련이 있다. 즉 회전율이 높은 제품(생활용품이나 경공업제품 등)은 대체로 수익성이 낮고, 회전율이 낮은 제품(각종 기계장치류)은 수익성이 크다.

5. 성장성 비율(growth ratios)

성장성 비율(growth ratio)은 일정기간중 기업의 경영규모와 경영성과가 얼마나 증가하였는가를 나타내는 비율이다. 성장성 비율은 재무제표 각 항목에 대한 일정 기간 동안의 증가율로 측정하는데, 여기에는 매출액증가율, 순이익증가율, 주당이익증가율, 총자산증가율, 자기자본증가율 등 여러 가지가 있지만 그 중에서도 매출액증가율과 순이익증가율은 기업의 성장률을 나타내는 대표적인 비율이다. 특히 순이익증가율이 높을 경우 투자자들은 높은 주가상승을 기대할 수 있다.

성장성 비율을 해석할 때는 다음과 같은 점에 유의하여야 한다.

첫째, 성장률이 높으면 수익발생능력이나 시장에서의 상대적 지위가 높아지지만 반면에 해당 기업은 그만큼 투자할 대상이 많아지기 때문에 유동성이나 자금사정에 부정적인 영향을 미칠 수도 있다.

둘째, 높은 성장률이 계속 유지될 수 없다는 점이다. 제품의 특성이나 기술의 발달 및 경쟁구조 등의 영향에 의하여 성장률은 점차 둔화되는 경향이 있다. 그래서 일반적으로 성장률 분석에는 성장률에 영향을 주는 질적 요인, 즉 산업의 구조, 제품수명주기 등과 같은 특성을 고려한 분석이 필요하다.

(1) 총자산 증가율

총자산 증가율이 높다는 것은 투자활동이 적극적으로 이루어져 기업규모가 빠른 속도로 증가하고 있다는 것을 의미한다. 그러나 자산재평가가 이루어진 경우에는 새로운 자산의 취득이 없어도 대차대조표상의 자산규모는 증가하게 되므로 주의하여야 한다.

2006년 말 현재 사례기업의 총자산증가율을 계산하면 다음과 같다.

$$총자산증가율 = \frac{당기총자산 - 전기총자산}{전기총자산}$$

$$= \frac{20,776,081 - 23,065,517}{23,065,517} = -9.93\%$$

(산업평균 : －6.18%, 경쟁업체 : -1.47%)

(2) 매출액 증가율

매출액증가율을 관찰할 때에는 물가상승률과 경쟁기업 또는 산업전반의 매출액 증가율과 비교하여야 한다. 명목적인 매출액증가율이 물가상승률보다 낮으면 오히려 (－)의 실질적 매출액증가율을 보이고 있다고 판단할 수 있다.

그리고 매출액 증가율이 경쟁기업이나 동종산업 전반의 매출액증가율보다 낮다면, 이것은 시장점유율이 오히려 하락하고 있음을 나타낸다.

$$\text{매출액증가율} = \frac{\text{당기매출액} - \text{전기매출액}}{\text{전기매출액}}$$

$$= \frac{20,084,177 - 18,465,356}{18,456,356} = 8.77\%$$

(산업평균 : －5.04%, 경쟁업체 : 6.63%)

(3) 순이익 증가율

$$\text{순이익증가율} = \frac{\text{당기순이익} - \text{전기순이익}}{\text{전기순이익}}$$

$$= \frac{313,216 - 123,505}{123,505} = 153.61\%$$

(산업평균 : －311.21%, 경쟁업체 : 22.35%)

위에서 계산된 성장성 비율을 보면 2005년에서 2006년 사이에 사례기업이 속한 산업은 상당한 어려움을 겪었던 것으로 추측된다. 그러나 사례기업의 경우 비록 총자산은 다소 감소하였으나 당기순이익의 신장은 대단히 높은 것으로 평가할 수 있다.

제4절 비율분석을 이용한 경영평가방법

이제까지 주요 재무비율을 계산하고 각 비율이 갖고 있는 의미를 해석하는 방법에 대하여 설명하였다. 즉 여러 가지 재무비율을 통하여 기업경영결과의 특정 측면에 관한 정보를 추출하는 방법에 대하여 다루었다.

본 절에서는 이러한 재무비율을 이용하여 기업의 재무상태나 경영성과를 어떻게 평가하는가에 대하여 설명하고자 한다.

재무비율을 이용하여 기업의 재무상태나 경영성과를 판단하는 방법에는 일반적으로 두 가지 방법이 있다. 첫째는 특정기업의 재무비율을 절대적 기준수치와 비교하거나 산업 전체의 평균재무비율과 비교하여 분석하는 상호비교법(comparative analysis)이며, 둘째는 각 재무비율이 과거부터 현재까지 어떻게 움직여 왔는가를 검토하는 추세분석법(trend analysis)이 있다.

1. 상호비교법

(1) 상호비교법의 의의

상호비교법(comparative analysis)이란 특정 기업의 재무상태와 경영성과를 비교하기 위하여 재무비율을 이용할 때 그 비율을 절대적 기준수치나 산업 전체의 평균재무비율과 비교하여 경영상태를 평가하는 방법이다. 예를 들어 앞절에서 사례기업에 대한 비율을 산출하고 산업평균이나 경쟁업체와의 비교를 통하여 그 결과를 해석하였는데 이러한 방법이 곧 상호비교법의 하나이다.

이러한 의미에서 상호비교법을 기업간 분석(inter-firm analysis), 횡단면분석(cross- sectional analysis) 또는 수직적 분석(vertical analysis)이라고도 한다. 상호비교법에는 표준비율을 이용하여 비교하는 방법과 공통형재무제표를 작성하여 비교하는 방법이 있다.

(2) 표준비율을 이용하는 방법

표준비율(standard ratios)이란 특정 기업의 재무상태와 경영성과를 평가하기 위하여 재무비율을 이용할 때 그 재무비율을 비교·평가할 기준(benchmarks)이 되는 비율을 뜻한다. 표준비율에는 이상적인 표준비율, 산업표준비율, 경쟁업체의 재무비율 등이 있다.

1) 이상적 표준비율

이상적 표준비율이란 각 기업의 특성 즉 소속 산업이나 업종, 기업의 규모 등과 관계없이 주관적으로 인식되는 절대적 기준이다. 예를 들면 자기자본비율은 50% 이상이 좋으며, 이상적인 부채비율은 200% 정도 등과 같이 경험적으로 이미 기준이 설정되어 있는 경우이다. 이러한 표준비율은 특정 기업이 속한 산업의 특성이나 기업의 규모 등을 고려하지 않고 있다는 단점이 있다.

2) 산업표준비율

동일 산업의 전체 평균을 기준으로 하는 방법이다. 우리나라의 경우 산업표준비율에 대한 자료는 한국은행의「경영분석」과 한국산업은행의「재무분석」에서 얻을 수 있다. 어느 기업의 특정비율을 이러한 동일 업종의 평균비율과 비교하기 위해서는 업종, 기업규모, 회계처리방법 등에 있어서 동일 또는 유사한 기업들의 평균비율을 이용하는 것이 중요하다.

3) 경쟁기업의 재무비율

분석 대상 기업을 특정 산업으로 분류하기 어렵거나, 특정 산업이 소수 기업에 의해 지배되고 있는 경우에 경쟁이 되는 상대기업의 재무비율을 이용하여 비교하는 방법이다. 특히 경쟁업체간에는 경영규모나 특성 등이 유사하기 때문에 상호간의 차이를 대조적으로 파악하는 것은 더욱 적절할 수가 있다. 이렇게 함으로써 경쟁기업과의 상대적인 강점 또는 약점에 대한 분석이 가능하다.

(3) 공통형재무제표

공통형재무제표는 재무제표 전체에 대한 각 항목의 구성관계를 백분율로 표시하는 방법이다. 즉 대차대조표는 자산총액을, 손익계산서는 매출액을 100%로 하여 각 항목의 구성관계를 백분율(%)로 나타낸 것이다. 공통형 재무제표는 각 항목이 백분율로 표시되어 있기 때문에 백분율재무제표라고도 한다.

이러한 공통형 재무제표를 작성하는 일차적인 목적은 비교하고자 하는 여러 기업들의 규모의 차이를 제거하고자 하는 것이다. 즉 어떤 기업과 다른 기업의 자산구조나 자본조달원천의 구조(재무구조) 또는 비용구조를 분석함에 있어 이들 기업의 재무제표에 나타난 수치를 직접 비교하기보다는, 규모의 차이를 제거하고 전체에 대한 구성비로 표시된 공통형재무제표로 비교하는 것이 보다 용이하고 타당하다.

또한 공통형재무제표의 경우 재무제표의 총액에서 각 항목이 차지하는 비중을 백분율로 표시하기 때문에 특정항목이 차지하는 비중과 상대적 중요성을 쉽게 판단할 수 있다. 그리고 과거와 현재의 공통형재무제표를 비교함으로써 특정항목이 차지하는 비중의 변화를 쉽게 파악할 수가 있다.

따라서 공통형 재무제표는 특정시점 또는 특정기간에 있어서의 여러 기업의 재무상태나 영업성과를 비교하는 기업간 비교의 수단이며 횡단면 분석수단이라고 할 수 있다.

다음의 <표 4-5>와 <표 4-6>은 사례기업의 공통형 대차대조표와 공통형 손익계산서이다.

<표 4-5> 공통형 대차대조표

(단위: %)

과 목	2006	2005	2004
Ⅰ. 유동자산	28.7	33.7	36.3
1. 당좌자산	19.7	23.5	22.3
현금과 예금	5.7	5.9	6.0
매출채권	7.7	12.1	10.5
기타당좌자산	6.2	5.4	10.5
2. 재고자산	8.9	10.1	13.9
Ⅱ. 고정자산	71.2	66.2	63.6
1. 투자자산	30.2	20.7	24.2
2. 유형자산	36.1	31.0	38.3
3. 무형자산	4.9	14.4	0.5
자산총계	100	100	100
Ⅰ. 유동부채	26.0	25.4	21.9
매입채무	5.2	4.4	4.7
단기차입금	1.2	5.6	4.8
기타유동부채	19.6	15.2	12.3
Ⅱ. 고정부채	40.3	49.2	46.2
사채	23.8	15.9	13.2
기타고정부채	16.5	33.4	33.1
(부채총계)	66.5	74.8	68.3
Ⅲ. 자본			
자본금	3.5	2.6	3.6
자본잉여금	10.8	6.3	7.3
이익잉여금	19.2	16.3	21.8
(자본총계)	33.5	25.2	31.7
부채와 자본총계	100	100	100

<표 4-5>을 보면 사례기업의 자산구조는 유동자산이 점차 감소하면서 고정자산이 증가하고 있는데 이것은 투자자산의 증가에서 기인하고 있다. 그리고 자본조달방법은 장기적인 고정부채의 비중이 작아지면서 단기적인 유동부채의 비중이 점차 확대되고 있어 특히 유동성에 대한 검토를 필요로 하고 있다. 또한 자본잉여금의 구성비가 증가한 것으로 보아 증자가 활발히 이루어졌음을 알 수 있다.

〈표 4-6〉 공통형 손익계산서

과 목	2006	2005	2004
Ⅰ. 매출액	100	100	100
Ⅱ. 매출원가	69.5	68.7	75.1
(매출총이익)	30.4	31.2	24.8
Ⅲ. 판매비와 일반관리비	14.9	15.7	15.7
(영업이익)	15.4	33.7	0.9
Ⅳ. 영업외수익	9.0	13.2	3.0
이자수익	1.5	0.8	1.2
배당금수익	0.1	0.1	0.0
외환차익	5.1	10.1	0.9
기타영업외수익	2.2	2.2	0.8
Ⅴ. 영업외비용	22.3	27.9	10.7
이자비용	5.5	4.1	2.6
외환차손	5.1	11.3	0.8
기타영업외비용	11.6	12.4	7.3
(경상이익)	2.1	0.8	1.4
Ⅵ. 특별이익	1.4	0.0	0.0
Ⅶ. 특별손실	1.5	0.0	0.1
(법인세비용차감전순이익)	2.0	0.8	1.2
Ⅷ. 법인세비용	0.4	0.1	0.2
(당기순이익)	1.5	0.6	1.0

<표 4-6>의 공통형 손익계산서를 보면 사례기업은 매출원가를 효과적으로 관리하여 영업이익이 상당히 증가하고 있는 것으로 판단된다. 그리고 영업외수익과 영업외비용의 비중이 확대되고 있는데 이것은 외환차익과 외환차손의 증가 및 이자비용과 같은 금융비용이 증가하였기 때문인 것으로 판단된다.

이상과 같은 공통형 재무제표를 통한 기업경영분석은 특정기업의 연도별 차이를 검토할 수도 있고 경쟁기업과의 구성비 차이를 비교하여 재무적 강점과 약점을 비교 · 분석할 수도 있다.

2. 추세분석법

(1) 추세분석법의 의의

상호비교법은 일정시점에서의 재무상태를 기업간 또는 해당산업과 상호비교한 것으로 시간적 차원을 전혀 고려하지 못하고 있다는 한계가 있다. 그러나 일반적으로 기업환경을 내 · 외적으로 변화하기 때문에 이러한 기업환경의 변화에 따른 각종 재무상태의 시간적 변화를 고려할 필요가 있다.

추세분석(trend analysis)이란 바로 특정기업의 일정기간 동안의 재무비율의 증감이나 변화추세를 파악하여 재무상태가 어떻게 변화하고 있는가는 분석하는 방법이다. 이러한 의미에서 추세분석은 기업내 분석(intra-firm analysis), 시계열분석(time- series analysis) 또는 수평적 분석(horizontal analysis)이라고도 한다.

(2) 재무비율의 추세분석

재무비율의 추세분석은 시간의 경과에 따라 각종 재무비율의 움직임을 동태적으로 파악하여 경영성과와 재무상태나 재무적 강·약점이 어떻게 변화하고 있는가를 평가하는 방법이다.

<표 4-2>와 <표 4-3>을 이용하여 사례기업의 2004년, 2005년, 2006년의 주요 재무비율의 추세와 산업평균을 비교하면 <표 4-7>과 같다.

<표 4-7> 사례기업의 비율추이와 산업평균비율

관 련 비 율		산업평균	사례기업		
			2004	2005	2006
수익성 비율(%)	매출액순이익률	-1.37	1.03	0.67	1.56
	총자본순이익률	-1.25	1.12	0.63	1.43
	자기자본순이익률	-4.40	3.12	2.28	4.89
유동비율(%)	유동비율	93.15	165.31	132.57	110.20
	당좌비율	78.59	110.67	92.68	75.68
레버리지비율(%)	부채비율	212.92	215.16	295.64	198.08
	자기자본비율	31.96	31.73	25.28	33.55
활동성 비율(회)	매출채권회전율	4.09	11.06	8.23	9.06
	재고자산회전율	12.29	7.36	8.10	9.53
	총자본회전율	0.92	1.07	0.94	0.91
성장성 비율(%)	총자산증가율	-6.18	16.79	45.63	-9.93
	매출액증가율	-5.04	-1.95	16.32	8.77
	순이익증가율	-311.21	-93.45	-24.76	153.61

(3) 추세재무제표

추세형 재무제표는 기준연도의 각 항목을 100%로 하여 다른 연도의 같은 항목을 상대적 가치로 표시하여 각 항목의 변화를 동태적으로 분석하는 방법이다. 이때 다른 연도의 항목지수가 100% 이상이면 그 항목이 증가했음을 의미하고 100% 이하이면 감소했음을 의미한다. 기준연도로는 초기연도는 물론 중간연도나 최종연도를 사용할 수도 있다.

<표 4-3>을 이용하여 2004년도를 기준으로 사례기업의 추세손익계산서를 작성하면 <표 4-8>과 같다.

<표 4-8> 추세형 손익계산서

(단위: %)

과 목	2004	2005	2006
Ⅰ. 매출액	100	116.3	126.5
Ⅱ. 매출원가	100	106.5	117.2
(매출총이익)	100	145.8	154.5
Ⅲ. 판매비와 일반관리비	100	116.0	120.0
(영업이익)	100	197.4	214.2
Ⅳ. 영업외수익	100	502.3	374.3
이자수익	100	78.3	161.0
배당금수익	100	160.0	202.8
외환차익	100	1225.4	682.8
기타영업외수익	100	318.4	346.9
Ⅴ. 영업외비용	100	301.0	262.1
이자비용	100	182.7	268.8
외환차손	100	1533.8	758.9
기타영업외비용	100	198.4	201.3
(경상이익)	100	69.7	197.1
Ⅵ. 특별이익	100	0.5	2360.4
Ⅶ. 특별손실	100	8.3	1045.5
(법인세비용차감전순이익)	100	74.7	199.7
Ⅷ. 법인세비용	100	67.8	220.0
(당기순이익)	100	76.5	194.2

사례기업의 추세형 손익계산서를 보면 영업외이익과 영업외비용의 증가는 주로 외환차익과 외환차손의 대폭적인 증가에서 기인되고 있음을 알 수 있다. 비록 외환차익과 외환차손의 구성비가 적지만 외환관리에 문제점이 있었음을

알 수 있다. 아울러 특별이익과 특별손실의 대폭적인 증가도 관심을 기울여야 할 부분이다. 그리고 당기순이익이 산업전체적인 분위기에 비하여 상당히 신장되었는데 이로 인하여 증권시장에서의 주식가격이 고평가될 수 있다고 추측할 수 있다.

추세형 재무제표는 <표 4-5>와 <표 4-6>에서 살펴본 공통형 재무제표와는 분석의 관점이 다름을 알 수 있다. 즉 공통형 재무제표는 특정연도에 대차대조표와 손익계산서의 각 항목이 차지하는 비중을 나타내고 있기 때문에 해당기업이나 비교기업의 재무적 강・약점을 비교하는데 유용하다. 한편 추세형 재무제표는 각 항목의 절대적 변동규모에 대한 정보를 제공함으로써 특정기업의 시계열추이를 파악하는데 유용하다. 따라서 두 가지 형태의 재무제표는 기업의 재무상태를 파악하는데 상호보완적인 기능을 갖고 있다.

제5절 비율분석의 한계

비율분석은 자료획득이 용이하고 계산방법이 간단하며 산출된 비율에 대한 평가가 비교적 쉽기 때문에 경영분석이나 기업경영진단시 널리 사용되고 있다. 그러나 비율분석의 결과를 보다 유용하게 이용하려면 비율분석이 내포하고 있는 한계점도 동시에 인식하여 결과에 대한 해석을 신중히 하여야만 한다.

비율분석이 안고 있는 중요한 한계점은 다음과 같다.

첫째, 경영성과에 영향을 미치는 비계량적인 요인들을 반영하지 못하고 있다.

둘째, 경영분석의 근본목적은 과거의 실적보다는 미래의 방향설정을 위한 기초 정보를 획득하는 것인데 비율분석은 과거의 회계자료에 근거하고 있다.

셋째, 오늘날 기업들은 상당히 다각화되어 있기 때문에 산업평균비율과 같은 표준비율을 사용하는 데는 한계가 있다. 예를 들어 어떤 기업의 주요 생산제품이 화학제품 62%, 섬유 38%라면 이 기업은 화학제품업으로 분류되어 화학제품업의 산업평균과 비교해야 한다. 이런 경우 산업평균비율은 표준비율이 될 수 없다. 비율분석은 같은 산업, 유사한 규모와 같은 객관적 기준에 의하여 비교될 때 비로소 유용성을 높일 수 있는 것이다.

넷째, 같은 업종에 속한 기업 사이에도 회계처리방법이 달라 비율이 갖는 의미가 달라질 수도 있다.

다섯째, 비율분석은 주로 일정기간 동안의 경영성과를 나타내는 손익계산서와 특정시점의 재무상태를 표시하는 대차대조표를 이용하고 있기 때문에 기간적 차이로 인한 왜곡현상을 반영하지 못하고 있다.

여섯째, 비율분석의 결과에 대한 해석에는 주관성이 크게 작용할 수 있다.

비율분석을 이용하여 경영분석을 할 때에는 비율분석이 갖고 있는 유용성과 한계점을 동시에 인식하여 분석결과를 신중하고 객관적으로 해석 · 평가하여야 한다. 특히 비율분석은 기업의 재무적 건강상태를 진단하는 것에 불과하다. 따라서 기업이 양호한 재무상태를 계속 유지하고 개선해 나가기 위해서는 그 진단 결과에 따라 적절한 처방과 대책을 추가로 강구해야만 한다.

5 사회복지법인의 회계 실무상 특징

제1절 사회복지법인에서 행하는 재무보고의 목적

일반적으로 회계는 회계정보를 이용하는 사람이 합리적인 판단이나 의사결정을 할 수 있도록 기업실체(조직)에 관한 유용한 경제적 정보를 식별 측정 전달하는 과정으로 정의되는데, 사회복지법인의 재무보고 목적을 살펴보면 다음과 같다.

첫째, 자원배분결정에 필요한 정보를 제공하는 것이다. 사회복지법인에 있어서 재무보고는 현재 또는 잠재적 자원제공자와 기타의 이용자가 그 조직체의 자원배분에 대해 합리적인 의사결정을 할 수 있도록 유용한 정보를 제공하게 된다. 그리고 자원제공자들은 그들이 원하는 정보를 일반적으로 재무제표를 통하여 얻을 수 있다.

둘째, 서비스 및 서비스제공 능력의 평가를 위한 유용한 정보를 제공한다. 자원제공자나 정보이용자는 당해 사회복지법인의 서비스 내용을 평가하고 미래의 서비스 제공가능성을 평가하게 된다. 다시 말하면 사회복지법인은 자원

제공자로부터 계속적으로 자원을 조달받아 필요한 서비스를 제공하기 위해 이들이 요구하는 회계정보를 제공해야 한다.

셋째, 관리자의 수탁책임 및 성과측정에 유용한 정보를 이해관계자에게 제공한다. 사회복지법인에서 관리자의 수탁책임은 특히 중요하다. 왜냐하면 이 조직의 대부분이 스스로의 사업을 통하여 자원을 획득하는 것이 아니고 계속적으로 자원제공자로부터 자원을 제공받아야 하기 때문에 관리자가 수탁책임을 잘 수행하였다는 보고가 있을 때 계속적 제공이 가능하다. 영리기업은 손익을 계산하고 그 결과를 보고함으로서 성과책임 및 수탁책임을 비교적 손쉽게 해결할 수 있으나 사회복지법인의 경우에는 관리자가 수탁한 자원을 얼마나 효율적으로 운영 및 보조하며 과업이 법률이나 계약을 준수해서 수행되었는가를 평가할 수 있도록 적절한 정보가 제공되어야 한다.

넷째, 사회복지법인의 재화나 서비스의 제공능력을 평가함에 있어서 중요한 정보 중의 하나는 조직의 경제적 자원, 채무, 순자산, 거래, 환경 및 이들의 변동사항인데 이것들이 회계정보를 통하여 정보이용자에게 적절히 전달되기 위해서는 다음의 정보가 충족되어야 한다.

① 자원제공자 및 정보이용자들이 법인의 재무건전성을 식별하고 일정기간의 성과에 대한 정보를 평가하며 서비스제공의 계속여부를 판단하기 위해서는, 채무지급에 필요한 현금의 범위, 현금흐름의 잠재력에 대한 평가 등에 대한 정보가 필요하다.

② 회계보고에는 사회복지법인에 대한 일정기간의 자원유입 및 유출의 금액과 자원의 종류에 대한 정보는 물론 순자산을 변동시키는 자원의 흐름 및 변동시키지 않는 자원의 흐름에 대한 정보도 구분하여 제공하여야 한다.

③ 회계정보의 이해를 돕기 위해서는 관리자의 설명과 해석이 필요하다. 이는 외부의 자원제공자보다 정확하고 자세한 정보를 알고 있기 때문이며 동시에 이러한 관리자의 설명과 해석은 자신이 지금까지 수행해 온 업적에 대한 평가와 수탁책임을 동시에 평가하는 좋은 자료가 되기 때문이다.

제2절 사회복지법인의 회계실무상 특징

사회복지기관이 적용하고 있는 회계는 비영리회계이며, 회계실무는 예산회계와 기금회계로 이루어지는 특징을 지니고 있다.

1. 예산회계

(1) 예산의 정의

예산은 비영리회계를 포함한 운영실체의 전체적 관점에서 장래의 일정기간의 경영활동을 숫자로 표시한 것이다. 영리기업에 있어서 예산은 시장조사와 원가분석 등을 통하여 제공되며 기업의 최대이윤을 얻을 활동의 진로로 결정하게 되는 것이다. 이에 반해 비영리회계의 예산은 시장조사와 원가분석 등을 통한 이윤동기에 기초한 계획적 · 조직적인 이윤의 극대화를 위한 활동의 진로가 아니라 기금별 목적에 따라 그 고유목적 달성을 위한 소비와 지출을 중심으로 이루어진다. 그러므로 비영리회계의 예산회계에서 나타나는 문제는 다수의 기금회계로 독립 · 구분되어 있는 경우에는 기금별로 예산을 편성, 집행 및 보고하게 되어 있다.

(2) 예산회계의 필요성

예산은 단순한 견적이 아니라 각 비영리회계 실체의 의사결정에 관한 구체적이고도 최종단계의 행위이기도 하다. 예산은 당해연도의 수입과 지출을 구

속하는 힘이 부여되어 있고 비영리회계의 행위는 이 예산의 통제하에서 이루어지고 있다. 따라서 대차대조표와 수지계산서의 계정과목은 예산의 관·항·목에 따라 설정되어 회계보고서를 작성하게 된다.

그러므로 "예산회계"란 예산의 수입과 지출을 부기회계의 조직 내에서 회계처리하는 것을 말한다. 예산이란 국가 또는 지방자치단체의 재정활동뿐 아니라 기업과 가계 그리고 비영리기관 등 모든 경제행위의 주체에 적용가능한 개념이다.

비영리회계는 사회적 요구에 의하여 공공성의 목적사업을 수행함에 있는 것이므로 예산에 근거하지 않은 운영은 당해 기관으로 하여금 임의적·자의적인 운용을 하게 하는 결과를 초래하게 할 수도 있다. 그러므로 비영리회계에 있어 예산은 그 중요성이 강조되고 있다. 특히 비영리회계의 대종을 이루는 관청회계가 법률로서 규정하고 있는 예산을 중심으로 하여 이루어지고 있음은 예산이 임의적으로 혹은 자의적으로 운영되지 않도록 하는 좋은 실례다.

예산회계가 제도적으로 마련되면 예산의 초과지출을 방지할 수 있고, 자원의 목적 외 사용을 금할 수 있으며, 규정된 시스템에서의 이탈을 방지할 수 있다. 그리하여 승인되지 않은 목적 외의 소비·지출을 막을 수 있게 된다.

(3) 비영리 예산회계의 특징

모든 회계자료는 객관적이고 통일된 평가기준 위에서 작성되어져야 한다. 그러나 비영리회계의 예산회계자료는 그 특수성으로 인하여 당해 실체 전체로서의 통일된 평가자료로 활용하기에 다음과 같은 부적합한 점이 있다.

1) 원가기준이 아닌 지출기준

비영리회계의 예산편성은 1년 기준 및 기금별 기준으로 이루어지고 또 원가에 기초하지 아니한 지출중심으로 이루어진다는 점이다. 여기서 지출중심이란 비영리회계의 당해 기금별 목적사업을 달성하기 위한 일방적인 소비 및 지출을 위하여 적산된 예산을 말하는 것으로, 이는 예산금액수탁책임의 준수 여부에 관심을 두게 되므로 효과적이고 능률적인 실체운영책임에는 주의를 기울이지 못하게 한다.

대부분의 비영리회계는 기금별로 예산을 편성하고 보고하는 것으로 비영리회계의 목적사업은 그 시대의 사회적 요구에 따라 각양각색이다. 각 기금의 목적사업 달성의 필요성에 따라 소비하는 지출중심의 예산으로는 통일된 평가기준에 적합한 예산회계의 자료로서 활용하기에 적합하다고 할 수 없다.

2) 기금별 현금주의

비영리회계의 예산은 각기 기금목적 사업별로 그 달성을 위하여 현금주의에 의한 지출중심으로 적산되어진다. 그러므로 자원의 배분과 관리는 수탁책임에 비추어 볼 때 각 기금별중심의 현금주의로 이루어진다. 하지만 기금단위별 현금주의로 이루어지는 비영리회계의 예산은 복수의 기금을 가지고 있는 경우에는 당해 회계주체 전체로서의 운영책임이 발생주의 기준과 같지 않아 적정한 평가방법을 도출해 내기 어렵다.

3) 특정목적의 제한

비영리회계는 당초 자원의 조달이 특정목적사업에만 국한하여 사용하도록 제한하는 경우가 많다. 이와 같이 제한된 조건 안에서 편성된 예산의 수정이란 거의 기대할 수 없는 것이다. 영리기업과 같이 이윤창출을 위한 목적과 수단으로 자원의 배분이 전제되어 수립된 예산은 원가에 기초하여 이루어진 것이므로 수립된 예산이 불리하다고 판단되면 시장의 변화에 따라 언제라도 수정된다. 그러나 비영리회계의 예산은 기금별 현금주의 따라 이루어지고 이 외에도 원가에 기초하지 않은 기금사업목적별로 일방적 소비 · 지출중심으로 예산회계가 수행되고 있다. 이는 비영리회계의 통일된 회계주체로서 구체적이고 포괄적인 평가기준을 마련하기에 어렵다 할 것이다.

(4) 비영리 예산회계 정보의 특성

비영리회계는 다양한 기금을 설정하고 기금별로 예산을 편성하고 보고하기 때문에 매우 복잡하다. 또 이 예산의 제한규정이 전형적으로 원가와 비용에 기초하기보다는 지출과 책임의 위임에 기초하고 있어 자본거래와 손익거래의 구분에는 등한시하는 점이 있다.

이러한 예산회계에 의하여 만들어진 회계정보는 일반적으로 인정된 회계원칙을 기준으로 작성되는 보고서와는 달리 당해 회계주체의 원가를 결정하거나 또는 관리자의 수행책임으로 평가하는 지표로 활용하기에 적합하다고 할 수 없다. 현행 실무에서 예산이 다음과 같이 잘못 이해되고 있다.

① 최고경영자 또는 예산집행자가 예산을 경시한 나머지 단지 화폐획득의 수단으로 여기는 일이 많다.

② 비영리회계의 예산을 계획 – 집행 – 통제 – 평가의 수단으로 보지 않고 단지 통제의 수단으로 사용하는 일이 많다.

③ 한정된 자원을 사용하여 달성하게 될 산출가치보다는 예상되는 화폐적 이익에 기초를 두고 있다.

④ 예산의 편성이 장기적 또는 계속기업에 기초를 두지 않고 단기적 또는 해산기금(quitting concern)에 기초를 두는 일이 많다. 예산회계의 보고는 관례에 따라 보통 1년의 단기적이 될지라도 예산은 장기적인 관점에서 편성되어야 할 것이다.

2. 기금회계

사회복지법인이 적용하고 있는 회계는 비영리회계로서 위에서 언급한 예산회계와 기금회계로 구분되는데, 기금회계는 사업목적별 기금단위로 회계처리를 하고 있어서 이 기금을 통합하여 하나의 회계실체를 이루고 있다. 각 기금은 기금단위별로 당해 재무자원과 그 실체에 관련된 자산, 부채 및 기금의 전부를 기록하는 일련의 자기평균계정(self balancing accounts)을 가진 독립된 재무 또는 회계실체를 이룬다. 기금회계의 실제적인 예로서 어떤 사회복지법인이 복지사업으로 고아의 양육과 교육, 노인요양 사업, 장애인의 의료재활 등의 사업을 수행하고 있다면 법인의 업무 전반에 관한 사항인 법인회계(재단기금회계)와 법인이 설치 · 운영 및 위탁하는 시설회계(특별회계)로 다음과 같이 4개의 회계단위가 발생할 수 있다.

첫째, 재단기금회계로서 당해 사회복지법인의 설립목적에 따른 재단회계가 있다.

둘째, 고아의 양육 · 교육 특별회계로서 고아의 양육과 교육을 목적으로 받아들인 출연금과 보조금은 당해 고아의 양육 · 교육 특별회계(고아기금회계)에서 사용해야 하며 이를 장애나 노인요양에 사용해서는 안된다. 그러므로 고아기금회계는 그 기금의 전부를 기록하는 일련의 자기 평균계정을 가지고 재무 또는 회계실체를 가져야 한다.

셋째, 노인복지 특별회계로서 노인요양을 위해 출연되거나 받은 보조금은 당해 노인의 요양 목적으로만 사용해야 한다는 것으로 타 용도로 사용이 불가능하다.

넷째, 장애인의 의료재활특별회계는 장애인의 의료재활 목적으로 출연, 보조받은 자원에 대해서는 당해 의료재활사업에만 사용해야 한다.

기금이란 특별한 목적에 따른 제한 또는 제약에 따라 특정의 활동을 수행하고 일정목적을 달성하기 위하여 분리된 하나의 재정적이고 회계적인 주체를 이루고 있으며 이와 같은 기금은 그 목적을 위하여 재무자원의 증감 변화를 기록・계산・정리하는 일련의 자기평균계정을 가진 독립된 재무 또는 회계실체라 정의하고 있다.

이러한 정의는 기금이 분리적이고 독자적이라는 특징을 강조하고 있다. 기금은 제한성이 없이 일반기금으로 통합・운영되는 경우도 있으나 기금 중에는 법령이나 규제 또는 출연자의 요구・유언 등에 의하여 처음부터 사용목적이 지정되거나 특정된 기금, 즉 제약성이 있는 기금이 있다. 따라서 사용목적이 특정된 기금은 다른 기금과 분리・독립하여 하나의 자기평균계정을 가진 독립된 회계실체로 운영될 수밖에 없는 것이다.

여기서 기금은 특정된 활동이나 특정목적에 사용된다는 속성을 갖게 된다. 따라서 각 기금은 독자적으로 자산・부채 및 기금잔액과 이들의 증감변동을 기록・계산・정리하여야 하는 자기평균계정을 가진 회계실체로서 각 기금별로 자원의 사용에 대한 제한이나 제약의 준수를 확실하게 하기 위하여, 각 기금마다 별도의 독립된 계정을 설정하고 각기 회계보고서를 작성하지 않을 수 없다.

비영리기관이 작성하는 회계보고는 고유목적사업의 달성과정을 표시함에 있어 수탁책임을 명백하고도 성실하게 표시 및 보고하여야 한다. 그러나 여러 가지 목적별 기금으로 갈라진 기금회계에 대한 독립적이고 세분화된 보고는 개별적인 기금별 활동을 나타내는 것이며 이것이 전체로 통합된 회계실체의 목적과 그 달성과정을 표시하는 것이라고 볼 수 없다. 왜냐하면 개별적인 기금보고의 결과가 반드시 전체적인 통합보고의 결과와 일치한다고는 볼 수 없기 때문이다.

그러나 회계실무에 있어서 비영리기관의 자원을 기금별로 분리・독립시켜 회계단위를 설정하고 기록・계산・정리하여 보고하는 것은 법률・규제 또는 사용조건이나 관리적인 제한 등의 이유로 기금을 목적별로 분리하여 관리하는 것이 편리할 뿐만 아니라 수탁책임의 한계를 명백하고도 성실하게 표시할 수 있기 때문이다. 그러므로 이와 같은 기금별 자원의 분리는 비영리기관 전체로서의 목적과 그 달성에 관한 성과와 재정을 나타내지 못하고 있어 큰 단점으로 지적되고 있다.

따라서 당해 비영리기관의 자원의 배분 · 관리가 효율적으로 이루어져 있는지의 회계정보는 개별적 활동단위인 기금별 회계보고보다는 개별적 기금이 협동해서 이루는 통합된 전체로서의 회계보고가 요청되는 것이다. 그러므로 여러 갈래로 갈린 다수의 기금회계가 전체로서의 통합되고 표준화된 단일보고로 이루어져야 하고, 개별기금단위 회계보고서는 보조적 정보로서 역할을 담당하여야 한다.

기금은 각 목적별로 분리 · 독립되어 회계단위를 이루고 있으며 또 그 자체의 재무자원은 자산, 부채, 수입, 지출과 잉여금을 가진 하나의 독립된 회계주체이다. 이 독립된 회계주체에 귀속되어 있는 재무자원은 그 자원이 창설되어진 때로부터 사용에 이르기까지 모든 거래기록은 하나의 독자적인 자기평균계정이 각각의 기금단위별로 요구된다. 또한 다음과 같은 독립된 회계보고서를 갖는다.

① 수지예산총괄표
② 수지계산서(손익계산서)
③ 대차대조표
④ 잉여금계산서(이는 수지계산서나 대차대조표에 포함하여 작성하기도 하고 구분하여 작성하기도 한다.)

이와 같은 수지예산총괄표, 수지계산서, 대차대조표의 3대 회계보고서로 작성되는 각 기금단위보고서는 유기적으로 결합한 통일된 전체로서의 일단위이다. 회계보고서는 수지계산서와 대차대조표로 2대 지주를 이루고 있으나 기금회계는 예산을 추가하여 3대 지주로 이루어지는 특징이 있다.

제3절 사회복지법인의 재무·회계규칙

사회복지법인의 재무 · 회계규칙은 1988. 2. 8 보건사회부령 제 813호로 제정된 이래 1993.12.27.1차 개정, 1998.1.7. 2차 개정 1999.3.11. 3차 개정이 이루어졌다. 이 규칙에서 사회복지법인의 회계는 제23조 회계의 방법에서 회계는 단식부기에 의하도록 규정하고 다만 '법인회계와 수익사업회계에 있어서 복식부기의 필요가 있는 경우에는 복식부기에 의한다'라고 규정하고 있다.

회계원칙이란 회계기준이라고도 말하는 것으로서 회계행위를 수행할 때 준수하지 아니하면 안 될 행위의 지침이며 기업(또는 법인, 조직)의 회계실무를 이끌어가는 지도원리이다. 따라서 사회복지법인의 회계원칙도 일반적으로 공정타당하다고 인정되는 사회복지법인의 재무회계규칙으로 사회복지법인의 회계실무를 지도하는 원리 및 지침이 되어야 한다.

그러나 현재의 현금주의에 의한 단식부기는 재정에 대한 총괄적 · 체계적 현황을 파악하기 곤란하고, 회계의 건전성 판단이 미흡하고 자기검증 및 연계성 분석기능의 결여 등 제반 문제점이 있다. 이 외에도 사회복지법인의 모든 재정은 효율성, 투명성 및 신뢰성 제고를 위하여 회계처리는 발생주의 복식부기제도로 기업회계기준에 준하는 회계기준의 개정이 요구되고 있다.

제4절 회계실체와 재무보고의 사례

사회복지법인의 재무회계규칙은 단식회계로도 처리할 수 있도록 되어 있어 일반적으로 발생주의 복식회계로 회계처리하기 보다는 현금주의 단식회계를 선호하고 있다. 그러나 이에 대한 구체적인 회계 및 재무보고 기준은 각 조직의 재량에 위임되어 있어 사회복지조직의 회계 및 재무보고서는 조직 상호간에 비교가 어려울 정도로 다양하며 일관성이 결여되어 있다.

이들 사회복지법인 중 몇 법인의 회계 및 재무보고에 대한 예를 들면 다음과 같다.

1. 법인회계와 시설회계가 구분된 경우(A복지법인)

사회복지법인의 회계실태를 살펴보기 위해 우선 사회복지법인이 가지고 있는 회계별 세입과 세출로 총칭되는 수입과 지출에 대한 회계구조를 서울시 소재 A아동복지 사회복지법인의 회계단위를 예로 보면 다음과 같다. 아래와 같이 사회복지법인 A의 법인회계인 일반회계와 시설회계인 특별회계로 구분하고 특별회계(시설회계)는 보육운영 특별회계, 정박아운영 특별회계, 특수학교운영 특별회계로 구분되어 있다.

<그림 5-1> A아동복지 사회복지법인 회계구분

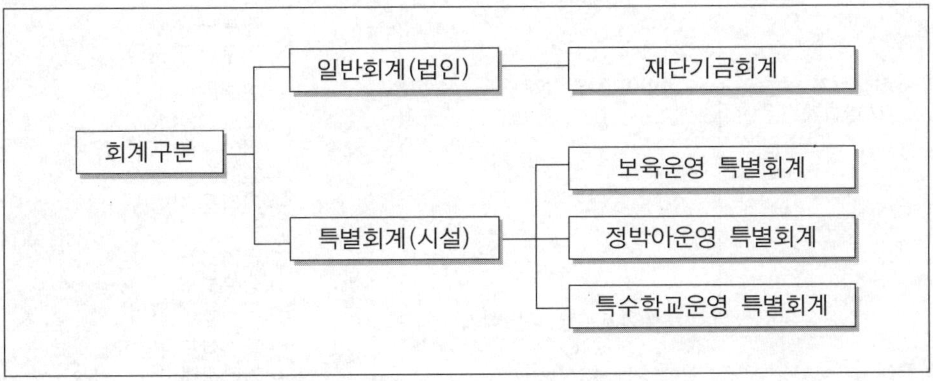

회계구조를 좀더 세부적으로 보면 아래와 같다. A사회복지법인은 일반회계인 법인회계와 시설회계로 나누어지고 법인회계의 세입 구성은 주로 출연금과 후원금에 의존하는 기금회계로 운영비 일부 외에는 모두 시설회계로 전출되고 있으며, 시설회계는 세입이 법인보조금, 정부보조금, 기부금인 후원금으로 구성되어 있으며 시설회계의 세출은 주요 목적사업별 보육운영 특별회계, 정박아 특별회계, 특수학교운영 특별회계로 구성되어 있고 각 목적 사업별로 다시 세분되고 있다.

<A사회복지법인 회계별 구성체계>

- 일반회계법인
  - 세입
    - 기부 원조금(후원금)
    - 법인수입
  - 세출
    - 법인운영비
    - 특수학교운영 특별회계
    - 보육운영 특별회계
    - 정박아운영 특별회계
- 시설회계 (특별회계)
  - 보육특별회계
    - 세입
      - 법인보조
      - 정부보조
      - 기부금(후원금)
    - 세출
      - 양육비
      - 교육비
      - 기타운영비
  - 정박아 특별회계
    - 세입
      - 법인보조
      - 정부보조
      - 기부금(후원금)
    - 세출
      - 양육비
      - 의료병원비
      - 직업재활비
      - 교육비
      - 기타운영비
  - 특수학교운영 특별회계
    - 세입
      - 법인보조
      - 정부보조
      - 기부금(후원금)
    - 세입
      - 특수학교운영비
      - 기타관리비

2. 법인회계와 시설회계가 구분이 없는 경우(B복지법인)

법인회계와 시설회계가 구분 없이 합산하여 처리한 경우의 회계구조를 보면 세입은 정부보조, 후원금, 전입금, 실비사업비로 구성되어 있고 세출은 인건비, 사무비, 재산조성비, 실비 복지비, 무료 복지비, 특별적립금, 예비비로 구성되어 있다. 이 사회복지법인은 법인회계와 시설회계를 구분하지 않고 단일회계로 합산하여 처리하고 있음을 보여주고 있다.

<B복지법인의 회계구조>

- 세입
  - 정부보조 — 국비, 지방비
  - 후원금
  - 전입금
  - 실비사업비 — 가정복지비, 아동복지비, 청소년복지비, 지역사회 복지비
- 세출
  - 인건비 — 인건비, 일반후생비
  - 사무비 — 업무추진비, 운영비
  - 계산조성비 — 시설비, 자산취득비, 시설장비유지비
  - 실비복지비 — 가정복지비, 아동복지비, 청소년복지비, 지역사회복지비
  - 무료복지비 — 가정복지비, 아동복지비, 청소년복지비, 지역사회복지비
  - 특별적립금 — 특별목적적립금
  - 예비비 — 예비비

3. 주된 시설회계에 법인회계를 합산한 경우(C복지법인)

주된 시설회계에 법인회계를 합산한 경우 주된 시설회계의 세입은 보조금수입과 법인부담금, 기부금수입, 실비사업수입, 기타수입 및 전년도 이월금으로 구성되어 있다. 세출은 인건비, 운영비, 실비사업경비, 무료사업경비, 시설장비, 기타지출 및 예비비로 구성되어 있다. 이 법인의 주된 시설회계와 종된 시설회계는 동일 법인의 관리하에 있으나 회계적으로 연결관계가 전혀 없다.

<C복지법인의 주된 시설회계구조>

- 세입
  - 보조금수입 — 시비보조, 구비보조, 기타보조
  - 법인부담금 — 법인부담금
  - 기부금수입 — 결연후원금, 지정후원금
  - 실비사업수입 — 가정복지, 아동복지, 청소년복지, 장애인복지사업수입
  - 기다수입 — 예금이자수입 등
  - 전년도이월금
- 세출
  - 인건비 — 복지관, 재가복지
  - 운영비 — 정보판공비, 여비교통비, 수용비 등
  - 실비사업경비 — 가정복지, 아동복지, 청소년복지, 지역복지, 장애인복지사업비
  - 무료사업경비 — 가정복지, 아동복지, 청소년복지, 지역복지, 장애인복지사업, 노인복지, 재가복지, 후원사업비
  - 시설장비비 — 시설장비취득비, 시설유지비
  - 기타지출
  - 예비비

<C복지법인 종된 시설 회계구조>

- 종된시설
  - 세입
    - 사업수입 —— 보육료, 기타수입
    - 보조금 —— 정부지원금
    - 전입금 —— 법인전입금
    - 기타수입
    - 이월금
  - 세출
    - 시설운영비 —— 인건비, 관리운영비, 급식비
    - 시설보강비 —— 시설기능보강비
    - 잡지출
    - 이월금
    - 예비비

제5절 사회복지법인의 계산서류와 정보

현재의 사회복지기관(법인)중 일부는 발생주의에 의한 복식부기로의 회계처리를 하고 있으나 대부분의 사회복지기관(법인)은 현금주의에 의한 단식부기로 회계처리를 하고 있다. 기업회계기준에 의한 복식부기에 의해 회계처리를 하는 경우 계산서류는 손익계산서, 대차대조표, 잉여금처분계산서(결손금처리계산서), 현금흐름표가 되지만 현재 사회복지기관에서는 단식부기에 의해 회계처리를 하는 경우에는 기업회계기준에 의한 손익계산서의 대용으로 사업활동수지계산서, 대차대조표, 세입 · 세출계산서 등의 계산서류를 사용하고 있는데 이하에서는 손익계산서(사업활동수지계산서)와 대차대조표, 현금흐름표(자금수지계산서)를 중심으로 사회복지법의 재무 · 회계규칙과 기업회계기준에 따른 형식과 내용을 설명하고자 한다.

1. 손익계산서(사업활동수지계산서)

(1) 의의 및 구성요소

1) 의의

손익계산서(사업활동수지계산서, 영업보고서)란 특정 회계실체인 법인의 일정기간 동안의 경영성과를 보고하기 위해 작성하는 재무보고서 중의 하나이다. 이 재무보고는 회계실체로서 사회복지법인이 한 회계기간 동안 법인을 운영한 결과로 발생된 수익(수입)과 비용(지출)의 내역 및 그 금액을 기록하여 작성한 결과에 대한 양부(良否)를 알아보기 위하여 작성하는 재무보고서라고 할 수 있다.

사업활동수지계산서의 정의에 나타난 일정기간 동안이란 사업활동수지계산서를 작성하는 대상기간을 말하는데 통상적으로 한 회계기간이다. 회계실체의 한 회계기간 동안의 경영성과인 영업(수지)차액을 재무상태보고서 측면에서 살펴보면, 이는 한 회계기간 동안 교환거래에서 나타난 거래행위를 제외한 경영활동에서 국고보조금이나 후원금등의 수입에서 나타난 손익거래에 의해 증감된 순자산(자산총액 - 부채총액)이다. 이러한 의미에서 사업활동수지계산서를 정의하면, 일정기간 동안 손익거래에서 발생한 회계실체의 순자산에 대한 변동요인을 보고하는 재무보고서라고 말할 수 있다.

2) 구성요소

손익계산서(사업활동수지계산서)는 수익(수입)과 비용(지출)로 이루어져 있으며 구체적으로 보면 다음과 같다.

회계상 수익(revenue, 수입)이란 특정 회계실체의 주요한 또는 중심적인 활동과 관련하여 재화를 생산하여 판매하거나 용역을 제공함으로써 일정기간 동안에 발생한 자산의 증가액 또는 부채의 감소액 및 단체에 의한 후원금으로 이루어진다. 사회복지법인이 수익사업을 운영하고 있는 경우에는 수익의 정의에는 세 가지 특징을 내포하고 있다.

첫째, 수익은 회계실체의 주된 사업활동인 일상적 영업활동으로부터 발생한다. 이는 수익이 의도한 사업대상물의 판매와 관련된 활동에서 발생한다는 것을 의미한다.

둘째, 반복적으로 계속 발생한다. 이는 수익이 의도한 주된 영업활동을 계속함에 따라 발생한다는 것을 의미한다. 따라서 자산이 증가되더라도 회계실체의 일상적인 영업활동을 통하여 반복적으로 계속 발생하는 것이 아니면 수익이라고 하지 않는다. 즉, 자산의 증가나 부채의 감소가 수익으로 인식되려면 경상적 경영활동에서 반복적으로 발생하여야 한다.

셋째, 국가나 지방자치단체 및 개인에 의해 정기적 혹은 부정기적으로 받는 보조금이나 후원금에 대한 수입을 의미할 수 도 있다.

회계상 비용(expense)이란 회계실체의 법인의 주요한 또는 중심적인 활동과 관련하여 재화를 구입 또는 운영활동에 필요한 용역 등으로 일정기간 동안에 발생하게 되는 자산의 감소액 또는 부채의 증가액이다. 이러한 정의에는 비용이 수익을 획득하는 과정에서 발생하여 수익획득에 기여하여야 한다는 특징을 내포하고 있으나 법인의 경우에는 비용과 수익보다는 지출과 수입으로 정의하는 것이 보다 타당하다고 하겠다. 비용은 수익과 마찬가지로, 경상적 경영활동에서 반복적으로 발생하는 자산의 감소액이나 부채의 증가액이다.

이외에 예외적인 비 경상적활동에서 발생하는 순자산의 증가를 이익이라 하며 예외적인 비 경상적활동에서 발생하는 순자산의 감소를 손실이라고 한다. 또 수익의 실현과는 무관하게 지출된 비용을 손실이라고도 한다. 예를 들면, 현금을 도난당했을 때는 비용의 발생이 아니라 손실이 발생한 것이다. 또한 총수익과 총비용의 차이를 영업(수지)차액이라 하는데 이것은 특정 회계실체인 법인이 한 회계기간 동안 경영활동을 수행한 결과이다.

(2) 유용성

일정기간동안에 발생한 수익(수입), 비용(지출), 이익, 손실 등 각각에 대한 내역과 그 금액 및 경영성과인 영업차액을 나타낸 것이 사업활동수지계산서이다. 이는 정보이용자들이 자신들의 의사결정에 필요한 정보를 획득하기 위하여 재무상태보고서와 더불어 가장 많이 이용하는 계산서류로서, 이러한 사업활동수지계산서를 통하여 다음과 같은 유용한 정보를 얻을 수 있다.

첫째, 회계실체가 경영활동을 통하여 획득한 수입(수익)의 금액과 내역 및 수익을 획득하기 위하여 발생된 지출(비용)의 내역과 금액을 보고하기 때문에 회계실체의 당기 경영활동에 대한 성과를 측정할 수 있는 정보를 제공한다. 특히, 활동별 내역을 이용하여 주된 영업활동과 기타 활동으로부터의 성과를 구분하여 판단할 수 있다.

둘째, 법인의 수입창출능력을 평가할 수 있는 정보와 미래현금흐름을 예측하는 데 유용한 정보를 제공한다. 과거의 성과가 미래에도 그대로 지속된다고 확신할 수 없지만 과거의 성과와 활동별 성과를 분석하면 어느 정도 미래에 대한 합리적인 예측이 가능할 것이다.

셋째, 세무당국이 회계실체의 세액을 결정하는 데 필요한 정보를 제공한다.

이외에도 효율적이고 합리적인 경영을 위하여 매우 중요한 경영계획, 예산편성 등에 필요한 정보뿐만 아니라 대차대조표와 함께 이용하여 각종 자산들의 수익성을 평가할 수 있는 정보 등 경영분석에 필요한 정보를 제공한다.

(3) 사업활동수지계산서 작성

한국의 사회복지법인 재무회계규칙의 수지계산서(영업보고서)에 의하면 수입항목과 지출항목으로 대별하여 그 차액을 당기 잉여금으로 나타내고 있다.

【사업활동수지계산서】

××××년 ××월 ××일부터
××××년 ××월 ××일까지

과　　목	금　　액	
Ⅰ. 수입		
1. 재산수입	×××	
2. 사업수입	×××	
3. 과년도수입	×××	
4. 보조금수입	×××	
5. 차입금	×××	
6. 전입금	×××	
7. 이월금	×××	
8. 잡수일	×××	
수입합계		×××
Ⅱ. 지출		
1. 사무비	×××	
2. 재산조성비	×××	
3. 수익사업비	×××	
4. 전출금	×××	
5. 과년도지출	×××	
6. 상환금	×××	
7. 사업비	×××	
8. 잡지출	×××	
9. 예비비	×××	
지출합계		×××
Ⅲ. 당기잉여금	×××	

사회복지회계의 계정과목 해설 별지 제3호 서식

혹은 다음과 같은 형식으로도 가능하다.

과　　목	금　　액	
Ⅰ. 사업수익		
1. 정부출연금	×××	
2. 육성기금출연금	×××	
3. 수탁용역사업	×××	
4. 국고보조금	×××	
5. 육성기금보조금	×××	
6. 민간출연금	×××	×××
Ⅱ. 사업원가		
1. 정부출연금사업비	×××	
2. 육성기금출연금사업비	×××	
3. 수탁용역사업비	×××	
4. 국고보조금사업비	×××	
5. 육성기금보조금사업비	×××	
6. 민간출연금사업비	×××	×××
Ⅲ. 사업총이익		×××
Ⅳ. 관리비		
1. 급여	×××	
2. 상여	×××	
3. 제수당	×××	
4. 복리후생비	×××	
5. 퇴직급여	×××	
6. 국민연금부담금	×××	
7. 국민건강보험료	×××	
8. 고용보험료	×××	
9. 산재보험료	×××	
10. 공공요금 등	×××	×××
Ⅴ. 사업이익(손실)		×××
Ⅵ. 사업외수익		
1. 이자수익	×××	
2. 고유목적사업준비금환입	×××	
3. 잡이익	×××	
Ⅶ. 사업외비용		×××
1. 고유목적사업준비금전입	×××	
2. 유형자산처분손실	×××	
3. 유형자산폐기손실	×××	
4. 잡손실	×××	
Ⅷ. 당기순이익(손실)		×××

기업회계기준에서는 손익계산서를 보고식으로 표시하도록 규정하고 있으며 총수익에서 총비용을 차감하여 당기순이익만을 보고하지 않고 다음과 같이 여러 유형의 이익으로 구분하여 표시하도록 하고 있다.

- 매출총이익 = 매출액 – 매출원가
- 영업이익 = 매출총이익 – 판매비와 관리비
- 경상이익 = 영업이익 + 영업외수익 – 영업외비용
- 법인세비용차감전순이익 = 경상이익 + 특별이익 – 특별손실
- 당기순이익 = 법인세비용차감전순이익 – 법인세비용

기업회계기준에 의한 손익계산서를 계정식과 보고식으로 하여 약식으로 작성하여 보면 다음과 같다.

보고식 손익계산서

××회사 20××.××.××～20××.××.××

매출액	×××
매출원가	(×××)
매출총이익	×××
판매비와 관리비	(×××)
영업이익	×××
영업외수익	×××
영업외비용	(×××)
경상이익	×××
특별이익	×××
특별손실	(×××)
법인세비용차감전순이익	×××
법인세비용	(×××)
당기순이익	×××

계정식 손익계산서

××회사			20××.××.××～20××.××.××	
매출원가	×××		매출액	×××
매출총이익		(×××)		
판매비와 관리비	×××			
영업이익		(×××)	영업외수익	×××
영업외비용	×××			
경상이익		(×××)	특별이익	×××
특별손실	×××			
법인세비용차감전순이익		(×××)		
법인세비용	×××			
당기순이익		(×××)		

2. 대차대조표

(1) 의의 및 구성요소

1) 의의

대차대조표(Balance sheet)는 기업의 일정시점의 재무상태에 관한 정보를 제공하는 정태적 보고서이다. 즉, 대차대조표는 일정시점에 있어서 기업의 경제적 자원(자산)과 그 자원에 대한 의무(부채) 및 소유주지분에 관한 정보를 제공하는 재무제표이다.

2) 구성요소

대차대조표는 자산, 부채, 자본의 3요소로 구성되는데, 대차대조표의 기본 양식을 공식으로 나타내보면 다음과 같다.

대차대조표등식 : 자산 = 부채 + 자본

자산이란(assets)이란 과거의 거래나 사건의 결과로서 특정 실체가 취득하였거나 통제할 수 있는 미래의 경제적 효익이다. 미래의 경제적 효익이란 직접적 혹은 간접적으로 미래에 현금유입을 증가시키거나 현금지출을 감소시키는 능력을 말하며, 용역잠재력이라고도 한다. 따라서 특정 실체에 영향을 미치는 경제적 사건 중 자산으로 분류되기 위해서는 그 특정 자원이 미래의 경제적 효익이 있어야 한다는 것이다.

자산을 대차대조표에 공시할 때에는 정보이용자들이 이해하기 쉽도록 해당 자산의 성격을 잘 나타낼 수 있는 계정과목을 사용해야 하며 이들 계정과목을 일정한 순서에 따라 나열하는 것이 좋은데 기업회계기준에서는 자산을 다음과 같이 분류하여 나타내도록 하고 있다.

〈자산의 분류〉

- 유동자산
  - 당좌자산 : 판매과정을 거치지 않고 현금화 할 수 있는 자산
  - 재고자산 : 판매과정을 거침으로써 현금화 할 수 있는 자산
- 고정자산
  - 투자자산 : 다른 회사를 지배할 목적이나 유휴자금의 장기적인 이윤을 얻을 목적으로 보유하고 있는 자산
  - 유형자산 : 영업활동에 사용할 목적으로 장기적으로 보유하고 있는 실물자산
  - 무형자산 : 영업활동에 사용할 목적으로 장기적으로 보유하고 있는 물적 실체가 없는 자산

자산 중에서 대차대조표일로부터 1년 이내에 현금화 할 수 있는 것을 유동자산이라 하고 1년 이후에 현금화가 가능한 것을 고정자산이라고 한다.

부채(liabilities)란 과거의 거래나 사건의 결과로서 미래에 특정실체가 다른 실체에게 자산을 이전하거나 용역을 제공해야 하는 현재의 의무로부터 발생하는 미래의 경제적 효익의 희생이다. 위의 정의에 비추어 볼 때 부채란 기업이 미래의 어느 시점에서 제3자에게 현금을 지급하거나 기타 재화나 용역을 제공해야 할 의무를 말하는 것으로 볼 수 있다.

부채는 지급기일이 대차대조표일로부터 1년 이내에 도래하는 유동부채와 1년 이상인 고정부채로 분류해 볼 수 있다. 유동부채란 대차대조표일로부터 1년 이내의 기간에 상환해야 하는 부채로서 매입채무, 단기차입금, 미지급비용, 선수수익, 미지급배당금 등이 있다. 고정부채란 대차대조표일로부터 1년 이후에 상환해야 하는 부채로서 장기차입금 등이 이에 속한다.

자본(capital)이라는 용어는 통상적으로 자산에서 부채를 차감 한 후에 남는 잔여지분(residual interest)이라고 정의되고 있다. 또한 우리나라에서 자본(equity)은 기업실체의 자산에서 부채를 차감한 잔여액 또는 순자산으로서 자산에 대한 잔여청구권으로 정의하고 있다.

이 정의는 회계실체(accounting entity)의 법적 형태를 주식회사로 가정하고 있는데 주식회사는 자본, 주식, 주주의 유한책임을 그 특징으로 한다. 주주는 주식의 인수 가액을 한도로 하는 출자의무를 부담하고 채권자의 청구권은 주주 개개인의 자산까지는 미치지 않는다. 또한 자본은 주식이라는 소액의 증권으로 분할되며 자유양도성을 가지게 된다.

기업회계에서 자본은 발생원천에 따라 납입자본금과 유보이익으로, 사용제한에 따라 자본금과 잉여금으로 구분하고 있다. 또한 잉여금은 영업활동에 의하여 발생한 당기순이익 및 이의 처분에 의한 이익잉여금과 이를 제외한 자본거래에서 발생한 자본잉여금으로 구분하고 있다. 자본잉여금은 주식발행 초과금, 감자차익, 합병차익, 기타 자본잉여금(국고보조금, 공사부담금, 보험차익 등과 자산 수증이익이나 채무면제 이익 등 포함)등으로 구성되는 자본준비금과 재평가 적립금으로 구성되며, 이익잉여금은 이익준비금, 기타의 법정적립금 및 임의적립금 등으로 구성된다.

자본은 소유주의 지분(owner's equity)이라고 표현하며, 때로는 지분(equity), 또는 순자산(net asset)으로도 표현하고 있다. 그러나 자산과 부채가 독립적으로 정의되고 측정될 수 있지만 자본은 자산과 부채를 통하여 정의되고 측정되기 때문에 자본의 금액은 소유주에 귀속될 자산의 공정한 시장가치도 아니고 소유주가 가지는 권리의 현행가치도 아니며 다만 회계실체의 총체적인 자원에 대한 원천을 나타내는 것으로 보아야 한다.

정부회계에서 독립채산제와 원가회수 등을 목적으로 하는 사업성 회계(business-type accounts)는 기업회계의 복식부기에 의한 재무제표를 작성하며 이에 따라 자본이라는 용어를 사용하였으나 세금을 주재원으로 하고 공공재(public goods and services)의 공급을 내용으로 하는 일반회계와 같은 정부형 회계(governmental accounts)는 수입 · 지출 구조의 예산회계(budgetary accounting)를 사용하기 때문에 고정자산 등을 포함한 자산, 부채, 자본을 회계에 도입하지 않고 있었다. 그러나 정부형 회계에서도 정부회계의 개혁문제가 대두되고 기업회계 구조와 같은 발생주의 복식부기에 의한 재무보고회계(proprietary accounting)를 채택하게 됨에 따라 기업회계의 대차대조표에 해당하는 재정상태보고서를 작성하게 되었으며 자연스럽게 자산과 부채를 인식하게 되고 자산과 부채의 차이 즉, 순자산 또는 순부채의 개념이 정부회계에서도 다루게 되었다.

그러나 정부형 회계에서 자본의 개념은 주식이나 투자자의 지분, 소유주의 귀속 등의 개념이 적용되지 않으며 더구나 회계연도 중의 운영수지의 증감에 따른 자산과 부채의 차이 즉, 잉여금의 증감과 이의 처분에 대한 개념이 기업회계와 상당히 다른 면을 보이고 있다.

대차대조표의 머리부분에는 대차대조표라는 회계보고서의 명칭, 기업의 명칭 및 대차대조표의 작성일자를 표시하여야 한다. 그리고, 대차대조표의 양식에는 계정식과 보고식이 있다. 계정식은 대차대조표를 차변과 대변으로 나누어서 차변에는 자산계정을, 대변에는 부채계정과 자본계정을 배열하여 작성하는 양식을 말한다. 반면에 보고식은 대차대조표를 상하 차감식으로 하여 작성하는 방법으로 위에 자산계정을 가운데에 부채계정을, 그 다음에 자본계정을 차례로 배열하는 방법이다.

(2) 유용성

대차대조표는 ① 손익계산서가 제공하는 순이익에 관한 정보를 보완할 뿐만 아니라 ② 수익률을 계산하는 기초를 제공하고, ③ 기업의 재무구조를 평가할 수 있게 하며, ④ 기업의 유동성과 재무적 융통성을 평가하는데 필요한 정보를 제공한다. 이러한 대차대조표의 유용성에 관하여 보다 구체적으로 살펴보면 다음과 같다.

첫째, 대차대조표는 수익률(rate of return)을 계산하는 기초를 제공한다. 즉, 손익계산서의 이익이나 이익의 구성요소들을 자산계정에 관련시킴으로써 당해 기업의 수익성을 평가하는데 유용한 정보를 제공한다. 예를 들면, 자기자본이익률(당기순이익/자기자본)은 주주가 기업에 투자한 자본에 대한 수익성에 관한 정보를 제공한다.

둘째, 대차대조표는 기업의 재무구조, 즉 자본구조를 평가할 수 있게 해준다. 재무구조란 부채(타인자본)와 자본(자기자본)의 관계를 의미하는데, 타인자본이 자기자본보다 지나치게 많으면 재무구조가 취약하고 반대이면 양호하다고 한다. 대차대조표는 부채와 자본에 관한 자료를 제공하므로 재무구조의 양호여부를 평가하는 자료를 제공한다고 볼 수 있다.

셋째, 대차대조표는 기업의 유동성과 재무적 융통성을 평가하는데 필요한 정보를 제공한다. 여기서 유동성이란 특정자산이 현금으로 전환되거나 특정부채가 현금으로 상환될 때까지 소요되는 기간을 의미하며, 그 기간이 짧을수록 유동성이 높다고 말할 수 있다. 유동성은 특정기업의 유동부채의 상환능력과 배당금 지급능력을 평가하기 위한 기준으로 사용될 수 있기 때문에 채권자와 주주에게 매우 중요한 정보이다. 즉, 채권자들은 그 기업이 유동부채를 상환할 수 있는 능력이 있는가를 평가하기 위하여 당해 기업의 유동성을 평가해야 하며, 주주는 기업이 현금배당을 계속할 수 있는지 현금배당을 증가시킬 수 있는지 또는 사업확장의 가능성이 있는지 여부를 평가하기 위하여 유동성을 검토한다.

(3) 대차대조표 작성

〔사회복지회계의 계정과목 해설의 별지 제2호 서식에 있는 (추정)대차대조표〕

과 목	금 액	
Ⅰ. 자산		×××
1. 유동자산		
가. 현금과 예금	×××	
나. 받을어음	×××	
다. 유가증권	×××	
라. 미수금	×××	
마. 재고자산	×××	
바. 기타유동자산	×××	×××
2. 고정자산		
가. 유형고정자산	×××	
나. 무형고정자산	×××	×××
Ⅱ. 부채와 자본		×××
1. 유동부채	×××	
가. 지불어음	×××	
나. 일시차입금	×××	×××

과 목	금 액	
2. 고정부채	×××	
가. 정기차입금	×××	×××
3. 자본(기금)	×××	×××
4. 잉여금	×××	
가. 적립금	×××	
나. 전기이월급	×××	
다. 당기이월금	×××	×××
부채와 자본총계		×××

기업회계기준에 의한 대차대조표를 계정식과 보고식으로 하여 약식으로 작성하여 보면 다음과 같다.

보고식 대차대조표

××회사 200×년 ×월×일

과 목	금 액	
자산		×××
Ⅰ. 유동자산		
(1) 당좌자산	×××	
(2) 재고자산	×××	×××
Ⅱ. 고정자산		
(1) 투자자산	×××	
(2) 유형자산	×××	
(3) 무형자산	×××	
자산총계		×××
부채		
Ⅰ. 유동부채	×××	
Ⅱ. 고정부채	×××	
부채총계		×××

과 목	금 액	
자본		
Ⅰ. 자본금	×××	
Ⅱ. 자본잉여금	×××	
Ⅲ. 이익잉여금	×××	
Ⅳ. 자본조정	×××	
자본총계		×××
부채와 자본총계	×××	×××

계정식 대차대조표

××회사 200×년 ×월×일

자산부채			
Ⅰ. 유동자산		Ⅰ. 유동부채	×××
(1) 당좌자산	×××	Ⅱ. 고저부채	×××
(2) 재고자산	×××	부채총계	×××
Ⅱ. 고정자산 자본			
(1) 투자자산	×××	Ⅰ. 자본금	×××
(2) 유형자산	×××	Ⅱ. 자본잉여금	×××
(3) 무형자산	×××	Ⅲ. 이익잉여금	×××
Ⅲ. 자본조정	×××		
자본총계	×××		
자산총계	×××	부채와 자본총계	×××

3. 현금흐름표(자금수지계산서)

(1) 의의

현금흐름표(자금수지계산서, cash flow statement)는 일정기간 동안 불입자금의 변동내용을 설명하는 보고서를 말한다. 이는 직접적인 불입자금의 유입이나 유출과는 관계없이 다만 불입자금의 유입이나 유출을 일어나게 하는 원초적인 경제적 사건이 발생한 시점에서 수익과 비용을 인식하자는 발생주의에 의하여 작성되는 대차대조표나 손익계산서(사업활동수지계산서)와는 인식기준이 다르다. 즉 현금흐름표(자금수지계산서)는 불입자금을 수취한 시점에서 수익을 인식하고 불입자금을 지출한 시점에서 비용을 인식하는 방법인 현금주의에 의하여 작성된다. 그리고 법인의 활동을 경상활동, 시설정비활동, 재무활동의 세 가지로 구분하여 불입자금의 흐름에 관한 정보를 제공할 뿐 아니라 사업활동수지계산서(영업보고서, 손익계산서)의 기능을 보완하고 법인의 자산, 부채 및 순자산의 변동에 관한 정보를 제공함으로서 대차대조표(재무상태변동표)의 기능을 보완할 수 있다.

현금흐름표(자금수지계산서)란 법인이 운영하는 일정기간 동안 발생한 불입자금의 유출과 유입 내역을 적정하게 표시한 것으로, 정보이용자의 의사결정을 위해 보다 신뢰할 수 있는 회계정보의 창출에 기여하고 있는 계산서류이다.

지방자치단체 회계기준 시안 제8조 1항에 의하면 현금흐름표를 재무제표에 포함시키고 있는데 재무제표인 재무상태변동표나 영업보고서는 지금도 여전히 그 중요성을 유지하고 있으나 두 재무제표는 발생주의에 의한 이익의 보고만을 보여줌으로써 급변하는 경제상황 속에서의 현금의 동원능력 및 현금의 투자내역 등에 대한 직접적인 현금의 움직임을 보여주지 못하는 단점을 가지고 있다.

아무리 이월활동수지차액(당기순이익)을 많이 창출해내는 법인이라 하더라도 만기가 도래한 차입금이나 부채의 원금 및 이자비용을 현금으로 지급하지 못한다면 그 법인은 부도를 맞게 될 것이며 이러한 부도는 법인의 존속을 위태롭게 하는 사건이 될 것이다. 그래서 현재의 계산서류에는 법인에 대한 현금의 움직임을 한 눈에 파악할 수 있는 자금수지계산서를 포함하고 이 자금수지계산서는 법인이 작성하여 공시해야 할 필수 계산서류가 되었으며 현재의 경제현실에서는 그 중요성이 더욱 강조되고 있다.

(2) 유용성

현금흐름표(자금수지계산서)란 일정기간동안 법인의 불입자금유입과 유출을 경상활동, 시설정비활동, 재무활동으로 구분하여 나타내는 계산서류이다.

자금수지계산서의 목적은 기업의 일정기간동안의 불입자금의 유입액과 유출액에 관한 정보를 제공하는 것이다. 또한 자금수지계산서를 통하여 법인의 경상활동, 시설정비활동, 재무활동에 관한 정보를 현금주의에 의하여 정보이용자에게 제공하기 위해 작성하는 것으로 그 작성 목적을 살펴보면 다음과 같다.

첫째, 미래 현금흐름 창출에 관한 법인능력을 평가한다.

둘째, 채무상환 및 외부자금의 조달에 관한 법인의 능력을 평가한다.

셋째, 이월활동수지차액과 이에 관련된 순 현금흐름과의 차이에 대한 원인의 평가가 가능하다.

넷째, 기간 중의 경상활동과 시설정비활동 및 재무활동이 법인의 재무상태에 미치는 영향을 평가한다.

다음으로, 자금수지계산서는 정보이용자들에게 다음과 같은 정보를 제공한다.

첫째, 법인의 미래 불입자금의 창출능력에 관한 정보를 제공한다. 즉 경상활동으로 인한 불입자금의 흐름과 시설정비나 재무활동에 의한 현금흐름에 관한 정보를 제공함으로써 정보이용자들에게 미래의 현금흐름에 대한 예측을 가능하게 할 수 있다.

둘째, 법인의 부채상환능력 및 외부자금조달의 필요성에 관한 정보를 제공한다.

셋째, 경상활동에서 조달된 불입자금의 흐름과 발생주의에 의해 산출한 이월활동수지차액간의 차이 및 그 이유에 관한 정보를 제공한다. 즉 사업활동수지계산서(손익계산서)상에는 수지차액(당기순이익)이 높게 산출되었는데도 불구하고 실제 현금은 당기순이익에 비해 상당히 적게 유입된 원인을 제공하고 반대로 당기순이익은 미미하나 현금의유입이 많은 이유를 밝혀주는데 후자의 경우 이익의 질이 더 좋다고 말할 수 있다.

(3) 자금수지계산서의 형식

자금수지계산서

계정과목			예산	결산	차이	비고
경상활동에의한수지	수입	간호보험 수입 이용료 수입 처치비 수입 운영비 수입 사적계약이용료 수입 ***사업수입 경상비 보조금 수입 기부금 수입 차입금이자 보조금 수입 배당금 수입 회계단위간 산입금 수입 경리구분간 산입금 수입				

계정과목			예산	결산	차이	비고
		잡수입				
		경상수입계(1)				
	지출	인건비 지출 사무비 지출 사업비 지출 이자비용 경리구분간 산입금 지출				
		경상지출(2)				
	경상활동자금수지차액(3)=(1)-(2)					
시설정비등에의한수지	수입	시설정비 등 보조금 수입 시설정비 등 기부금 수입 고정자산매각 수익				
		시설정비 등 수입(4)				
	지출	고정자산취득지출 원입금 지출				
		시설정비 등 지출(5)				
	시설정비 등 자금수지차액(6)=(4)-(5)					
	수입	시설정비 등 보조금 수입 시설정비 등 기부금 수입 고정자산매각 수익				
		시설정비 등 수입(4)				
	지출	고정자산취득지출 원입금 지출				
		시설정비 등 지출(5)				
	시설정비 등 자금수지차액(6)=(4)-(5)					
전기말 지불자금 잔고 : 기초현금등가물(12)						
당기말 지불자금잔고 : 기말 현금등가물(11)+(12)						

【기업회계기준의 현금흐름표의 형식】

현금흐름표

××회사 2005.1.1일부터
2005년 12월 31일까지

과 목	금 액
Ⅰ. 영업활동으로 인한 현금흐름	
Ⅱ. 투자활동으로 인한 현금흐름	
1. 투자활동으로 인한 현금유입액	
2. 투자활동으로 인한 현금유출액	
Ⅲ. 재무활동으로 인한 현금흐름	
1. 재무활동으로 인한 현금유입액	
2. 재무활동으로 인한 현금유출액	
Ⅳ. 현금의 증가(감소)	
Ⅴ. 기초의 현금	
Ⅵ. 기말의 현금	

현금흐름표는 기업의 경영활동에 따른 현금흐름을 영업활동으로 인한 현금흐름, 투자활동으로 인한 현금흐름, 재무활동으로 인한 현금흐름으로 구분하여 표시하도록 되어 있다. 현금흐름표는 기업의 영업, 투자, 재무활동에 의하여 발생하는 자금흐름에 관한 전반적인 정보를 제공해 줌으로써 손익계산서의 기능을 보완함과 동시에 기업의 자산, 부채 및 자본의 변동을 가져오는 자금흐름에 관한 정보를 제공해 줌으로써 대차대조표의 보완기능도 하고 있다. 따라서 현금흐름표는 대차대조표나 손익계산서에서 제공해 주지 못하는 재무상태의 변동원인을 보다 폭넓게 설명해 줌으로써 회계정보이용자들의 의사결정에 유용한 정보를 제공해 준다.

6 사회복지법인의 일상적인 거래의 복식회계처리 및 계정과목 설명

비영리 회계에 대한 관심이 높아지면서 비영리회계전산프로그램들이 많이 나오고 있다. 이들 프로그램들을 보면 비영리법인들의 예산운영, 다양한 목적사업관리, 수익/목적사업 구분경리를 지원하고 예산과목에 의한 결의서 처리 및 실시간 예산통제, 이와 연계하여 자동으로 복식회계처리를 지원하는 예산/회계연동시스템이다. 결과적으로 예산의 설정된 계정과목을 집행하는 과정에서 복식부기로 분개를 하여 입력하면 예산상의 금액내에서 이루어지도록 통제할 뿐만 아니라 예산상의 계정과목과 결산상의 계정과목을 연결하여 곧바로 대차대조표와 손익계산서 작성이 가능하도록 연계되어 있다.

즉 단식부기의 예산상의 계정과목과 금액은 복식부기상의 계정과목과 금액이 연결되어 있으므로 복식부기로의 입력만 하면 복식부기로의 결산서 작성이 가능하다.

이러한 비영리회계전산프로그램들이 나오면서 비영리조직의 회계담당자들은 회계프로그램의 연결흐름을 이해하고 회계처리(분개)를 입력하면 필요한 재무제표를 얻을 수 있게 되었다.

이미 몇몇 사회복지법인에서는 복식으로 회계처리하는 곳도 있고 시험적으로 결산시에만 복식으로 바꾸는 법인도 있으나 아직까지 대부분의 법인에서는 단식회계를 쓰고 있다.

이하에서 사회복지회계의 계정과목 해설의 항목과 기업회계기준, 그리고 현재 비영리법인의 전산프로그램[1]의 계정과목 중 사회복지법인이 많이 사용하는 계정과목을 발생주의 복식부기중심(기업회계기준)으로 설명하면 다음과 같다.

제1절 사회복지법인의 유동자산

자산 중에서 대차대조표일로부터 1년 이내에 현금화할 수 있는 자산을 유동자산이라 하고, 1년 이후에 현금화할 수 있는 것을 고정자산(투자자산, 유형자산, 무형자산)이라고 한다.

사회복지법인의 재무 · 회계규칙의 계정과목 해설의 대차대조표상의 유동자산계정과목은 현금과 예금, 받을어음, 유가증권, 미수금, 재고자산, 기타유동자산으로 분류하고 있다. 현재 사회복지법인에서가장 많이 사용하게 될 유동자산의 계정과목을 기업회계기준과 비영리법인의 전산회계프로그램에 통상적으로 설정되어 있는 계정을 중심으로 설명하고 예제를 들어 회계처리를 보면 다음과 같다.

1) 현재 비영리법인의 전산회계프로그램으로 ① 아이원디지털웨어의 NEO-G7 ② 더존의 비영리법인회계(Biz-count) ③ 신안정보통신의 비영리법인회계(Ok Account) ④ Winner sofcom의 비영리법인회계 프로그램 등이 있다.

1. 현금 및 예금

(1) 현금및현금등가물

현금은 거래의 결제에 즉시 사용할 수 있는 자산이다. 현금은 유동성이 강한 자산이기는 하나 현금 그 자체로는 가치를 증가시키거나 창출할 수 없는 성격을 갖고 있어 다른 자산으로 전환되어 거래되지 않는 한 가치의 생산이 불가능하며 이러한 유동성과 비생산성 때문에 현금에 대한 적절한 관리와 통제가 필요하다. 회계상 현금으로 처리되는 것에는 통화를 비롯하여 언제든지 통화와 교환이 가능한 타인발행수표, 자기앞수표, 송금수표, 우편환증서, 만기공사채 이자표, 배당지급표와 같은 통화대용증권도 포함한다. 또한 현금은 자산항목 중에서 가장 입출이 빈번할 뿐만 아니라 중점적으로 관리해야할 항목이므로 별도로 현금출납부라는 보조부를 만들어 수입 지출에 대하여 보다 상세히 기록한다.

기업회계기준에서는 "현금및현금등가물"에 포함되는 예금을 당좌예금과 보통예금으로 규정하고 있으며, 대차대조표에 계상되는 현금등가물이라 함은 큰 거래비용 없이 현금으로 전환이 용이하고 이자율변동에 따른 가치변동의 위험이 중요하지 않은 유가증권 및 단기금융상품으로서 취득당시 만기(또는 상환일)가 3개월 이내에 도래하는 것을 말한다.

(2) 현금과부족 계정

현금과부족 계정은 현금및현금등가물 계정의 장부잔액과 실제보유액이 일치하지 않는 경우 설정되는 임시계정을 의미한다. 현금과부족 계정은 결산시까지 설정되는 잠정적인 가 계정이므로 재무제표에 나타나서는 안되며 원인이 밝혀지면 정확한 계정으로 대체하고 원인이 밝혀지지 않은 경우에는 잡이익 또는 잡손실로 처리한다. 이 때 현금보유액이 장부잔액보다 많으면 현금과부족 계정의 대변에 기입하고 반대로 현금보유액이 장부잔액보다 적으면 현금과부족계정의 차변에 각각 기입한다.

예제1

① 사무용컴퓨터 잉크 ₩@60,000 두 개를 구입하고 대금은 소지하고 있던 타인발행수표를 지급하다.

(차) 소모품비	120,000	(대) 현　금	120,000

② 서울에서 실시하는 직원 교육을 위해 여비 ₩200,000을 현금으로 지급하다.

(차) 여비교통비	200,000	(대) 현　금	200,000

③ 현금 ₩10,000,000을 출자하여 복지법인을 설립하다.

(차) 현　금	10,000,000	(대) 기본금	10,000,000

④ 법인 사무실에서 사용하기 위해 책장과 책상을 ₩1,000,000원에 구입하다.

(차) 비　품	1,000,000	(대) 현　금	1,000,000

예제2

① 장부상 현금이 ₩100,000이나 금고에는 ₩90,000이 있다.

(차) 현금과부족	10,000	(대) 현　금	10,000

② 원인을 조사한 결과 ₩8,000은 사원에게 출장비를 지급하고 기장하지 않은 것을 발견했으며 나머지는 원인을 밝히지 못했다.

(차) 여비교통비	8,000	(대) 현금과부족	10,000
잡손실	2,000		

③ 장부상 현금잔액은 ₩500,000인데 실재액은 ₩550,000이다. 현재로서는 그 원인을 알 수 없다.

(차) 현　 금	50,000	(대) 현금과부족	50,000

④ 위 불일치를 조사해 본 결과 ₩40,000은 물품주문대금을 받은 것임이 밝혀졌고, 나머지는 결산 때까지 그 원인이 밝혀지지 않았다.

(차) 현금과부족	50,000	(대) 선수금	40,000
		잡이익	10,000

(2) 예금

예금의 종류는 많으나 가장 보편적으로 사용하는 예금으로는 보통예금, 정기예금, 당좌예금 등을 들 수 있다. 이 중 당좌예금을 설명하면 다음과 같다.

당좌예금은 은행예금 중에서 법인이 자주 이용하는 대표적인 것으로, 은행과 당좌계약을 체결한 후 현금예입하고 지급수단으로 당좌수표를 발행하면 수표소지인이 해당 은행에 수표를 제시하면 현금을 지급할 수 있도록 하는 무이자 예금이다.

은행과 당좌계약을 체결하고 예입하였을 때는 당좌예금계정의 차변에 기입하고 당좌수표를 발행한 경우에는 대변에 기입한다. 당좌예금계정의 대변에 나타난 차기이월액이 현재의 당좌예금 잔액을 의미한다. 당좌예금의 출납을 보다 상세히 기록하기 위해서는 보조기입장인 당좌예금출납장을 사용한다. 원칙적으로 당좌예금출납장은 거래 은행별로 각각 설정한다.

예제3

① 사무실에서 필요한 비품을 ₩600,000을 매입하고 대금은 서울은행앞 수표 #12를 발행하여 지급하다. 단 서울은행 당좌예금잔액은 ₩400,000이며 당좌차월한도는 ₩1,000,000이다.

(차) 비　품	600,000	(대) 당좌예금	400,000
		당좌차월*	200,000

* 당좌차월은 당좌예금통장을 통한 일종의 단기차입금이다.

② 현금 ₩500,000을 서울은행에 예입하다.

(차) 당좌차월	200,000	(대) 현　금	500,000
당좌예금	300,000		

(3) 내부통제

내부통제(internal control)란 법인 조직의 목표 달성을 위하여 법인 내부에서 이행하는 제반제도와 절차를 의미하는데, 경영의 전체적인 입장에서 구성원들의 행동에 영향을 미치는 것으로 내부통제의 목적은 다음과 같다.

① 조직 구성원들이 조직의 목표 달성을 위하여 행동하게 한다.

② 구성원의 행동이 효율적으로 이루어지게 한다.

③ 조직이 보유하고 있는 자산을 보호한다.

④ 회계자료의 신뢰성과 정확성을 확보한다.

특히 현금은 영업활동 중 유입과 유출이 빈번하여 도난이나 부정의 가능성이 높은 자산이기 때문에 현금에 대한 내부통제는 조직내에서도 중요하게 다루어지는 분야 중의 하나이다.

현금예금과 관련된 내부통제제도의 대표적인 방법으로는 소액현금제도와 은행계정조정제도가 있다.

1) 소액현금제도

현금은 소지인에게 그 소유권이 있으므로 도난이나 분실의 위험이 큰 자산이다. 따라서 현금은 사무실내에 많이 보유하지 않고 현금수입이 있는 대로 즉시 은행에 예입하고 모든 지출은 수표를 발행하여 사용하게 된다.

그러나 모든 지출을 수표만으로는 할 수 없다. 수표를 발행한다는 것이 비효율적인 경우가 있는데 조직에서는 일정기간동안 소액지출에 사용할 현금자금을 담당부서에 수표를 발행 지급하고 일정기간 후 담당부서가 관련 증빙과 함께 지출내역을 보고해오면 사용액만큼 현금자금을 보충해주는 소액현금제도(petty cash system)를 사용한다.

소액현금제도 하에서는 현금을 지출할 때마다 회계처리하지 않으며 현금자금을 설정할 때와 보충할 때만 회계처리를 하게 된다. 소액현금계정의 잔액은 내부통제를 위하여 설정한 것이므로 회계기말에는 현금에 포함시켜 현금 및 현금등가물계정으로 보고하여야 한다.

- 소액현금자금 설정시 : (차) 소액현금 (대) 당좌예금
- 비용지출시 : (차) 제비용 (대) 소액현금
- 자금보충시 : (차) 소액현금 (대) 당좌예금

소액현금제도는 정산과 재전도가 정액으로 실시되는가, 또는 부정액으로 실시되는가에 따라 정액자금전도제와 부정액자금전도제로 구분할 수 있다.

예제4

(주)두정은 소액지출에 사용할 목적으로 8월1일부터 ₩1,000,000의 소액현금을 설정하고 매월말에 사용한 현금에 대하여 정산함과 동시에 부족분을 보충해주는 소액현금제도를 채택하고 있다.

8월 1일 : 소액현금으로 ₩1,000,000을 수표발행하여 거래은행에서 인출하다.
31일 : 당월분 소액경비지출과 월말 소액현금잔액을 보고 받고 부족분 ₩600,000을 보충하기 위하여 수표를 발행하다.

8월 중 경비지출(영수증) 내용 :

접대비 ₩90,000 소모품비 ₩350,000

여비교통비 ₩110,000 통신비 ₩50,000
8월 31일 : 소액현금잔액 : ₩400,000

8월 1일 :	(차) 현 금	1,000,000	(대) 당좌예금	1,000,000
8월 31일 :	(차) 접대비	90,000	(대) 현 금	600,000
	소모품비	350,000		
	여비교통비	110,000		
	통신비	50,000		
	(차) 현 금	600,000	(대) 당좌예금	600,000

2) 은행계정조정표

당좌예금계정과 당좌예금출납장의 잔액은 거래은행의 예금잔액과 원칙적으로 일치해야 하나 실제로 어느 일정시점에 있어서는 이들이 일치하지 않는 경우가 많다. 따라서 월말 또는 결산일에 거래은행으로부터 당좌예금잔액증명서를 교부받아 회사의 당좌예금계정과 비교하여 양자의 불일치의 원인을 찾아내어 이를 수정함으로써 기업의 당좌예금잔액을 정확하게 보고함은 물론 당좌예금에 대한 내부통제의 목적으로 은행계정조정표(bank reconciliation statement)를 작성한다. 이러한 불일치는 부정 오류가 있을 때는 물론이고 그렇지 않을 경우에도 다음과 같은 이유로 나타날 수 있다.

【은행계정조정표상의 조정항목】

	회사측(법인)의 잔액	은행측의 잔액
(1) 미결제수표		-
(2) 미기록예금		+
(3) 미통지예금	+	
(4) 은행수수료	-	
(5) 이자비용(또는 이자수익)	− (또는 +)	
(6) 부도수표	−	
(7) 기장오류	+(또는 −)	+(또는 −)

* 회사측(법인)의 기장오류일 경우에는 회사측(법인)의 잔액을 조정하지만 은행측의 기장오류일 경우에는 은행측의 잔액이 조정되어야 한다.

조정방법으로는 다음 3가지가 있다.

① 제1법 : 은행의 당좌계정으로부터 출발하여 회사당좌예금계정잔액에 일치시키는 방법으로 은행의 당좌계정에서 회사잔액으로 수정 즉 회사측의 가산항목은 은행측의 차감으로 회사측의 차감항목은 은행측의 가산으로 수정한다.

② 제2법 : 은행의 당좌계정잔액과 회사의 당좌예금잔액을 각각 수정하여 양쪽의 잔액을 일치시키는 방법으로 은행측의 미기입액은 은행의 당좌계정에서 수정후 은행측 잔액으로, 회사의 미기입액은 회사의 당좌예금장부잔액에서 수정 후 회사측잔액으로 일치시킨다.

③ 제3법 : 회사측 당좌예금계정 잔액으로부터 출발하여 은행의 예금잔액증명서 잔액으로 일치시키는 방법이다.

일반적으로 제2법을 사용한다.

예제5　은행계정조정표 작성 및 회사측장부수정(제2법을 사용하여 조정)

2005년 12월 31일 (주)천안의 당좌예금계정과 관련된 자료는 다음과 같다. 은행계정조정표를 작성하고 (주)천안이 필요한 회계처리를 하라.

(1) 은행측 예금잔액증명서상의 잔액 ₩800,000

(2) (주)천안의 당좌예금계정의 잔액 ₩760,000

차이의 원인은 다음과 같이 밝혀졌다.

① (주)천안이 발행한 수표 중 은행에 지급·청구되지 않은 수표가 다음과 같다.

수표번호	발행일	금 액
#121	12월 26일	₩20,000
#124	12월 28일	₩30,000

② 12월 31일 입금시킨 ₩30,000이 은행의 당좌예금계좌에 입금으로 기록되지 않았다.

③ 거래처에서 (주)천안에 통보하지 않고 직접 은행에 예입시킨 외상매출금의 대금이 ₩20,000이었다

④ (주)천안에 통보하지 않고 은행측에서 당월 발생한 수수료 ₩20,000, 이자비용 ₩20,000, 이자수익 ₩30,000이 당좌예금계좌에서 직접 가감되었다.

⑤ (주)고향이 예입한 수표 ₩20,000이 부도처리되었으나 (주)천안에는 통보되지 않았다.

⑥ (주)고향의 외상매출금 ₩30,000을 회수하여 이를 즉시 은행에 예입하였으나 이를 기입하지 않았다.

<은행계정조정표> 2005/12/31

은행측잔액	₩800,000	회사측잔액	₩760,000
가산		가산	
② 미기입예금	₩30,000	③ 미통지예금	₩20,000
		④ 이자수익	₩30,000
		⑥ 기장누락	₩30,000
차감		차감	
① 미결제수표	₩50,000	④ 은행수수료	₩20,000
		④ 이자비용	₩20,000
		⑤ 부도수표	₩20,000
	₩780,000		₩780,000

이 때 회사측에서는 다음과 같은 장부(총계정원장) 금액을 수정해 주기위한 수정분개를 행한다.

	차변	금액	대변	금액
③	(차) 당좌예금	20,000	(대) 외상매출금	20,000
④	(차) 수수료비용	20,000	(대) 당좌예금	40,000
	이자비용	20,000		
	(차) 당좌예금	30,000	(대) 이자수익	30,000
⑤	(차) 장기성매출채권	30,000	(대) 당좌예금	30,000
⑥	(차) 당좌예금	30,000	(대) 외상매출금	30,000

2. 유가증권

여유자금이 있는 경우 일시적 소유목적으로 주식, 공채, 사채 등을 매입하는 경우가 있다. 유동자산으로서의 유가증권은 시장성이 있고 일시적 소유목적이어야 한다. 다만 특수관계자가 발행한 주식과 1년 내에 처분할 투자유가증권은 포함하지 아니한다(기업회계기준 제13조 3).

(1) 유가증권의 취득

유가증권[2]의 취득시는 다른 자산과 마찬가지로 유가증권의 경우에도 취득원가는 당해 유가증권의 매입가액에 거래수수료 등과 같은 취득시 소요되는 부대비용을 가산한 금액이 된다. 만일 동일한 유가증권을 수회에 걸쳐 다른 가격으로 취득한 경우에는 당해 유가증권의 단위당 취득원가를 별도로 산정하여야 한다.

- 주식취득시 : (차) 유가증권 (대) 현금
- 채권취득시 : (차) 유가증권 (대) 현금
  미수이자
  (직전 이자지급일부터 취득일까지의 경과이자)

2) 비영리조직의 재무제표작성과 표시지침서, 한국회계연구원(2003)에 의하면 "유가증권에서 발생하는 이자수익이나 배당금수익은 기부자가 제약을 제시한 경우를 제외하고는 발생한 기간에 제약이 없는 순자산의 증가로 운영성과표에 표시한다. 이들에 대해 기부자가 제약을 제시한 경우 이는 제약의 성격에 따라 일시적 제약이 있는 순자산 또는 영구적 제약이 있는 순자산의 증가로 표시한다."로 되어 있다.

예제6

① A회사 발행 사채를 단기적 자금운용목적으로 ₩1,000,000을 현금으로 매입하다.

(차) 유가증권	1,000,000	(대) 현　금	1,000,000

② B주식회사의 주식 1,000주를(1주 액면 ₩5,000) 주당 ₩12,000에 매입하고 수수료 ₩300,000과 함께 수표를 발행하여 지급하다.

(차) 유가증권	12,300,000	(대) 당좌예금	12,300,000

③ B주식으로부터 주당 ₩400원의 현금배당을 받다.

(차) 현　금	400,000	(대) 배당금수익	400,000

(2) 유가증권의 보유

유가증권을 보유하게 되면 주식으로부터는 배당금을, 채권으로부터는 약정이자를 각각 수령하게 된다. 배당금은 주식을 발행한 회사의 배당선언일을 기준으로 배당금수익으로 계상하여야 하며 약정이자는 보유기간에 비례하여 이자수익으로 계상하여야 한다. 이때 취득일이후 최초로 이자를 수령하는 채권의 경우에는 취득당시 직전 소유자에게 대신 지급함으로써 미수이자로 계상한 금액을 차감한 잔액을 이자수익으로 계상하여야 한다.

- 현금배당 수령시 : (차) 현금　　　　(대) 배당금수익
- 이 자 수 령 시 : (차) 현금　　　　(대) 이자수익

(3) 유가증권의 평가

유가증권은 시가의 변동이 심하므로 결산기에 장부가액과 시가가 일치하지

않는 경우가 대부분이다. 따라서 결산시에는 유가증권을 공정가액(시가)으로 평가하여 수정함으로써 장부가액과 시가를 일치시키고 장부가액과 시가와의 차액을 유가증권평가손익계정에서 처리하도록 한다.

이때 시가를 공정가액으로 하는 경우 대차대조표일 현재의 종가(없는 경우 전일종가)에 의하며 유가증권 중 주식과 채권의 장부가액을 각각 구분하여 주석으로 기재한다. 유가증권의 평가와 관련한 회계처리를 요약하면 다음과 같다.

- 취득원가(장부가액) < 공정가액 : 유가증권평가이익
- 취득원가(장부가액) > 공정가액 : 유가증권평가손실

(4) 유가증권의 처분

유가증권을 처분하는 경우에는 유가증권의 장부가액과 처분가액과의 차액을 유가증권처분손익으로 인식하여야 한다. 유가증권의 장부가액이란 공정가액법으로 평가한 경우 직전 회계연도말의 공정가액이 될 것이므로 직전 회계연도말 현재의 공정가액과 처분시의 공정가액과의 차액이 유가증권처분손익으로 계상된다. 처분할 때 수수료는 수수료비용으로 처리한다.

• 주식의 처분시 :	(차) 현 금	(대) 유가증권
		유가증권처분이익
• 채권의 처분시 :	(차) 현 금	(대) 유가증권
		이자수익*
		유가증권처분이익

* 직전 이자지급일부터 처분일까지의 경과이자임

예제7

① 천안법인은 2005년에 처음으로 단기적 자금운영목적으로 유가증권에 대한 투자를 하였다. 다음은 천안법인이 2005년말 현재 보유하고 있는 유가증권과 관련된 자료이다.

종목	수량	취득원가	공정가액
A사 주식	2,000	₩300,000	₩320,000
B사 주식	4,000	480,000	580,000
C사 주식	500	85,000	70,000
D사 사채		400,000	360,000
		1,265,000	1,330,000

② 2006년 중 A사 주식 1,000주를 주당 ₩170에 매각하였으며 수수료 ₩12,000을 차감한 잔액을 현금으로 수령하였다.

③ 2006년 6월 30일 D사 사채를 경과이자를 포함하여 ₩370,000에 처분하고 처분과 관련한 수수료로 1,000원을 지급하였다. D사 사채의 액면가액은 ₩400,000으로 표시이자율 12% 이자지급일은 매년 12월 31일이다. 2005년말과 2006의 유가증권 처분시에 필요한 회계처리를 하시오.

① 2005/12/31	(차) 유가증권	65,000	(대) 유가증권평가이익	65,000	

* 1,330,000-1,265,000=65,000

② 주식처분시	(차) 현　금	158,000*	(대) 유가증권	160,000**
	유가증권처분손실	2,000		

* (1,000주×170)-12,000=158,000
**320,000×1,000/2,000=160,000

③ 사채처분시	(차) 현　금	369,000*	(대) 유가증권	360,000
	유가증권처분손실	15,000	이자수익	24,000**

* 370,000-1,000=369,000
** 400,000×12%×6/12=24,000

3. 채권계정

(1) 미수금

미수금은 주된 영업활동 이외의 거래로부터 발생한 채권으로서 유가증권이나 유형자산의 처분 등으로 나타나는 채권이다. 일반적으로 토지 등 고정자산이나 투자자산을 외상으로 매각하는 거래에서 발생한 채권을 미수금계정으로 처리한다.

예제8

비품을 ₩2,000,000에 처분하고 대금은 20일 후에 받기로 하다(감가상각누계액은 없다).

(차) 미수금	2,000,000	(대) 비품	2,000,000

(2) 선급금

상품 또는 원재료 등의 매매에 있어서 매매계약을 확실히 하기 위하여 미리 대금의 일부를 지급하거나 공사를 착수하거나 완성하기 전에 계약금 또는 착수금등으로 미리 공사 대금을 지급하거나 주문생산에 의한 제품주문에 있어서 미리 대금을 지급한 경우 선급금계정으로 처리한다.

예제9

복지법인의 김장용 배추 ₩1,000,000을 구입하기로 약정하고 일부금액인

₩300,000을 미리 주었다.

(차) 선급금	300,000	(대) 현　금	300,000

<배추를 구입하고 잔액을 지급한 경우>

(차) 복리후생비	1,000,000	(대) 선급금	300,000
		현　금	700,000

(3) 미수수익

미수수익계정은 회계기말에 당기의 수익으로 인식하여야 하나 그 대가를 아직 받지 못한 경우에 사용한다. 예를 들어, 발생주의 관점에서 볼 때 회계기말에 ₩600의 수익을 인식해야 하나 ₩400의 대가만 받은 경우 나머지 ₩200의 수익을 회계기말에 더 인식하여야 하는데 이 경우 미수수익계정을 사용하게 된다. 이러한 미수수익계정의 미수이자나 미수임대료 등의 미수수익계정은 유동자산의 일부인 수취채권에 포함된다.

예제10

2005년 초에 갑 법인은 은행에 1억원을 예입하였다. 2005년 12월 31일 기말에 은행으로부터 이자를 ₩6,000,000을 받아야 하나 은행으로부터 ₩4,000,000을 받았다.

(차) 현　금	4,000,000	(대) 이자수익	6,000,000
미수이자(미수수익)	2,000,000		

(4) 선급비용

선급비용계정은 회계기말에 차기의 비용으로 인식되어야 하나 그 대가를 미리 지급한 경우에 사용한다. 예를 들어 발생주의 관점에서 볼 때 회계기말에

₩200을 인식하여야 하나 ₩400의 대가를 지급한 경우 ₩200의 비용은 차기의 비용으로 인식하여야 하는데 이 경우 선급비용계정을 사용하게 된다. 즉 선급임차료나 선급보험료 등의 선급비용계정은 유동자산의 일부인 수취채권에 포함된다.

예제11

을 법인은 2005년 1월 1일에 2년간의 보험료 ₩4,000,000을 미리 지불하였다. 이 경우 2005년초와 2005년말의 회계는 다음과 같다.

2005 1/1	(차) 선급보험료	4,000,000	(대) 현 금	4,000,000
2005 12/31	(차) 보 험 료	2,000,000	(대) 선급보험료	2,000,000

(5) 대여금

타인에게 현금을 빌려주는 것을 대여라 하고 이와 같이 대여한 경우에는 채권인 대여금계정의 차변에 기입한다. 유동자산에 속하는 대여금이란 결산일로부터 1년 이내인 경우만을 말하며 결산일로부터 1년 이상인 경우에는 장기대여금이라는 계정과목으로 기록하며 이는 투자자산으로 분류됨을 주의하여야 한다.

예제12

2005년 3월 1일에 갑 법인은 여유자금 중 ₩5,000,000을 (주)천안에게 6개월 만기로 빌려주었다. 이 때 연이자율은 6%로 하기로 약정하고 만기일에 현금을 수령하였다.

2005 3/1	(차) 대여금	5,000,000	(대) 현 금	5,000,000

2005 8/31	(차) 현　금	5,150,000	(대) 대 여 금	5,000,000
			이자수익	150,000

(6) 가지급금

법인이 현금을 지출할 때 상대계정이 확실하지 않은 경우 가지급금계정을 임시로 사용한다. 가지급금계정은 미결산계정으로서 최종 재무상태보고서(대차대조표)에는 표시할 수 없기 때문에 결산일까지는 확정된 계정과목으로 대체하여야 한다.

예제13

2005년 10월 1일 갑 법인은 직원의 교육연수를 위해 3개월간 출장을 보내면서 ₩10,000,000을 지급하였다. 그리고 2005년 12월 31일에 직원은 법인에 다음의 출장 자료를 제출하였다.

총지출액 : 교통비 1,200,000 + 접대비 4,000,000 + 숙박비 2,000,000
　　　　= 7,200,000

현금반납액 : 10,000,000 − 7,200,000 = 2,800,000

<2005년 10월 1일 현금 지급시>

(차) 가지급금	10,000,000	(대) 현　금	10,000,000

<2005년 12월 31일 가지급금 자료 제출시>

(차) 현　금	2,800,000	(대) 가지급금	10,000,000
여비교통비	3,200,000		
접대비	4,000,000		

(7) 대손의 회계처리

신용거래는 기업이 영업활동을 수행해 나가는 과정에서 필연적으로 나타나는 중요한 거래방식이다. 또한 신용거래 자체가 매매당사자간의 합의에 의하여 시작되고 유지되는 것임을 감안한다면 거래처의 신용도나 업종의 특성 등에 따라 기업에 미치는 영향이 각기 다를 수 있다. 기업이 신용거래를 하는 경우에는 그 결과로써 수취채권과 지급채무가 발생한다. 이 때 수취채권은 그 채권의 회수가능성 여부가 당해 기업이 아닌 제3자에 의해 좌우되는 것이므로 회수가능성에 대하여 100%확신을 갖는다는 것은 현실적으로 매우 어려운 일이다. 즉 법인이 보유하고 있는 채권은 상대 채무자의 파산이나 재해 등의 사유로 회수가 불가능하게 되는 경우가 있는데 이와 같이 수취채권의 회수가 불가능하게 되어 손실로 인식하는 것을 대손(bad debt)이라 한다.

회계처리 방법으로는 직접상각법과 충당금 설정법이 있다.

① 직접상각법 : 특정채권의 회수가 실제로 불가능해 진 경우에 대손상각비를 비용으로 처리하는 방법으로 객관적이고 편리하다는 장점은 있으나 수익·비용대응의 원칙에 어긋나는 문제가 있다.

- 회계처리 : (차) 대손상각비 (대) 수취채권

② 충당금설정법 : 법인의 결산일에 대차대조표상 계상되어 있는 채권잔액들은 당기에 회수하지 못한 금액을 뜻하는 것으로 그 수취채권의 회수가능성 여부는 차기에 이루어진다. 즉 당기에 발생한 거래로 인한 수취채권과 관련한 대손비용이 차기의 비용으로 계상되는 경우가 발생하게 된다. 따라서 법인은 다음 연도에 발생될지도 모르는 당기의 수취채권에 대한 대손비용을 미리 예측하여 당기 비용으로 처리를 하는 것을 말하며 이때 사용되는 계정이 대손충당금계정이다. 기업회계기준은 충당금설

정법만을 인정하고 있다.

〈회계처리〉

회수불능시점

• 충당금이 충분하면

(차) 대손충당금　　　　　　　　(대) 수취채권

• 충당금이 불충분하면 대손충당금잔액에 대해서는 :

(차) 대손충당금　　　　　　　　(대) 수취채권

대손충당금부족분에 대해서는 :

(차) 대손상각비　　　　　　　　(대) 수취채권

〈대손상각비〉

기말대손추정

• 대손추산액이 대손충당금잔액보다 많은 경우 :

(차) 대손상각비　　　　　　　　(대) 대손충당금

• 대손추산액이 대손충당금잔액보다 적을 경우 :

(차) 대손충당금　　　　　　　　(대) 대손충당금환입

대손충당금환입(수익계정)은 충당금설정법에 의하여 대손충당금을 설정하였으나 전기에 설정한 대손충당금잔액이 당기에 설정할 대손충당금보다 많아 차액을 환입하는 경우에 나타난다.

결산시점에 예상되는 대손의 추정액은 과거의 대손경험율 등을 고려하여 계산하게 되는데 일반적으로 채권잔액에 대손추정율을 적용하여 대손액을 추정하는 방법을 사용한다.

① 매출액 비율법 : 매출액 또는 외상매출액에 일정비율을 적용하여 대손액을 추정하는 방법(손익계산서 접근법)으로 외상매출액과

대손상각 사이에 높은 상관관계가 있는 경우 사용한다.

② 채권액 비율법 : 수취채권잔액의 일정비율(대차대조표 접근법)

③ 비율의 결정

㉠ 과거 경험 : 과거 각 수취채권들의 대손율의 평균치를 대손율로 적용하는 방법

㉡ 연령분석법 : 매출채권의 경과기간에 따라 상이한 대손율을 적용하는 방법

㉢ 통계적방법 : 통계적 방법에 의한 비율

예제14

2005년 12월 31일 기말의 대여금 잔액 ₩300,000,000에 대하여 1%의 대손충당금을 설정하다. 단 대손충당금 잔액이 ₩2,000,000이 있다.

(차) 대손상각비	1,000,000	(대) 대손충당금	1,000,000

2006년 7월 1일 위 대여금 중 대여처가 행방불명되어 ₩1,500,000은 회수 불가능한 것으로 판명되었다.

(차) 대손충당금	1,500,000	(대) 대여금	1,500,000

2006년 12월 31일 기말의 대여금 잔액 ₩360,000,000에 대하여 1%의 대손충당금을 설정하다.

(차) 대손상각비	2,100,000*	(대) 대손충당금	2,100,000

* 2005/12/31 3,000,000 – 2006/7/1 1,500,000 + 2006/12/31 2,100,000 = 2006/12/31 3,600,000

4. 기타유동자산

기타의 유동자산에서는 사회복지법인이 주로 수익사업을 할 경우 나타날 수 있는 재고자산계정과 매출채권계정에 대해 설명하고자 한다.

(1) 재고자산

재고자산이란 정상적인 영업활동과정에서 판매목적으로 보유하고 있는 자산(제품, 상품)과 판매를 목적으로 생산과정에 있는 자산(재공품) 및 판매할 자산을 생산하는데 사용하거나 소모될 자산(원재료, 저장품)을 말한다. 법인이 보유하는 재고자산의 종류는 법인의 특성에 따라 다르다. 상품매매법인인 경우 상품이 주요 재고자산이며, 제조업의 경우에는 완제품, 재공품, 원재료 등의 재고자산이 있게 된다.

한편, 어떤 항목이 재고자산으로 분류되어야 할 것인지를 결정하는 데에는 그 법인의 주요 영업활동목적이 무엇이냐에 따라 달라진다. 예를 들어 토지의 차량운반구(승용차)의 경우 영업활동에 사용하기 위해 구입한 경우는 유형자산의 차량운반구계정에 해당하나 판매목적으로 취득한 경우에는 재고자산으로 분류된다.

기업회계기준에서 분류하고 있는 각 재고자산의 유형별 정의를 살펴보면 다음과 같다.

- 상품 : 기업의 정상적인 영업활동과정에서 판매를 목적으로 구입한 상품을 말하며, 부동산 매매업에 있어서 판매를 목적으로 소유하는 토지, 건물, 기타 이와 유사한 부동산도 이를 상품에 포함하는 것으로 한다.
- 제품 : 기업내부에서 판매를 목적으로 제조한 생산품을 말한다.
- 반제품 : 자가제조한 중간제품과 부분품 등을 말한다.
- 재공품 : 제품의 제조를 위하여 제조과정에 있는 제품을 말한다.
- 원재료 : 완제품을 제조 가공할 목적으로 구입한 원료, 재료 등을 말한다.
- 저장품 : 소모품, 수선용 부분품 및 기타 저장품 등을 말한다.
- 기타의 재고자산 : 위에 속하지 아니하는 재고자산을 말한다.

재고자산과 관련된 회계처리상의 문제는 다음과 같이 요약할 수 있다.

① 재고자산의 취득원가결정

② 재고자산에 포함될 항목의 결정(재고자산이 포함될 회계기간의 결정)

③ 재고자산의 원가배분(재고자산을 판매된 부분과 미판매된 부분으로 배분)

④ 재고자산감모손실과 평가손실

1) 재고자산의 취득원가결정

자산의 취득원가에는 그 자산을 취득하여 자산이 목적하는 활동에 사용하기까지 소요된 모든 현금지출액 또는 현금등가액이 포함되어야 한다. 따라서 재고자산의 취득원가는 재고자산을 판매가능한 상태로 만들기까지 소요된 모든 지출액이어야 하므로 취득원가에는 매입가액뿐만 아니라 매입부대비용(예를 들면, 매입수수료, 운반비, 하역비 등)까지 포함시켜야 한다.

예제15

A상품을 ₩100,000 현금 구입하면서 운반비 ₩5,000을 현금으로 지급하다.

(차) 상 품	105,000	(대) 현 금	105,000

2) 재고자산에 포함될 항목의 결정

재고자산과 관련하여 대차대조표일 현재 자산(매출채권, 기말재고), 부채(매입채무) 및 손익계산서에 표시될 매출과 매출원가를 적정하게 계상하기 위해서는 어느 회계기간의 매입인지 또는 매출거래인지를 결정하여야 한다. 즉, 상품의 매입과 매출거래는 연속적으로 이루어지기 때문에 결산일 전후에 발생한 거래에 있어서 어느 회계기간의 매입 매출거래인지를 결정하여야만 정확한 매출과 매출원가 및 재고자산을 파악할 수 있다. 이를 위해서는 재고자산의 법적 소유권의 유무, 점유여부, 계약조건, 상관습 등을 고려하여 판단하여야 한다.

기본적으로 재고자산의 경우 인도주의를 따르고 특수한 경우 즉 미착상품과 위탁품(적송품) 시송품 등에 대해서는 다음과 같다.

미착상품이란 상품을 주문하였으나 운송 중에 있어 아직 도착하지 않은 상품을 말한다. 이 경우에 상품에 대한 법적 소유권 이전여부는 선적지인도기준과 도착지인도기준과 같은 매매계약조건에 따른다.

선적지인도기준은 선적시점에서 소유권이 매입자에게 이전되므로 운송중인 미착품은 매입자의 재고자산에 포함시켜야 하며, 도착지인도조건은 목적지 도착시점에서 소유권이 매입자에게 이전되므로 운송중인 미착품은 판매자의 재고자산에 포함시켜야 한다.

위탁품이란 위탁판매한 상품을 의미하는 것이므로 적송품이라고도 한다. 위탁판매란 자기(위탁자)의 상품을 타인(수탁자)에게 위탁하여 판매하는 것을 말한다. 위탁품은 수탁자가 점유하게 되지만 수탁자가 고객에게 위탁품을 판매하기 전까지는 소유권이 위탁자에게 있다. 따라서 위탁자 입장에서는 결산일까지 판매되지 않은 위탁품은 창고에 없다 할지라도 기말재고자산에 포함시켜야 한다.

시송품이란 시용판매한 상품을 말하는 것으로 시용판매란 주문을 받지 않고 상품 등을 고객에게 인도하여 고객이 그 상품을 사용하여 보고 매입하겠다는 의사표시를 함으로써 판매가 성립되는 특수한 판매방식이다. 시용판매의 경우 수익은 매입자가 매입의사표시를 한 날에 인식하도록 규정하고 있으므로 기말 현재 매입자로부터 매입 의사표시가 없는 시송품은 창고에 없다 할지라도 기말재고에 포함시켜야 한다.

3) 재고자산의 원가배분

재고자산의 취득원가(판매가능상품 = 기초재고액 + 당기순매입액)는 기간손익을 결정하기 위하여 판매된 부분(매출원가)과 미판매된 부분(기말재고)

으로 배분되어야 한다.

즉 기초재고액 + 당기순매입액 = 기말재고액 + 매출원가의 등식의 각각의 항목에 배분될 금액을 결정해야 한다.

여기에서 기말재고액을 실사에 의해 파악하는 방법을 실지재고조사법이라 하고 기말재고액을 장부에서 파악하는 방법을 계속기록법이라 한다. 즉 위의 등식에서 기말재고액을 파악하면 기초재고액은 상품(재고상품)의 원장에서 당기순매입액은 매입원장(혹은 상품재고장)의 금액을 넣으면 매출원가금액은 자동으로 계산된다.

계속기록법은 상품의 입 출고시마다 수량을 계속적으로 기록하는 방법으로 장부상 재고잔량을 기말재고수량으로 결정하는 방법이다. 즉 기말재고수량은 당기 판매가능수량(기초재고수량 + 당기매입수량)에서 당기 판매수량을 차감하여 계산한다. 이를 산식으로 나타내면 다음과 같다.

기초재고량 + 당기매입수량 - 당기 판매수량 = 기말재고수량

실지재고조사법이란 정기적으로 실지재고조사를 통하여 재고수량을 파악하는 방법으로 상품재고장에 입고기록만 할 뿐 출고기록을 하지 않기 때문에 당기 판매수량은 당기판매가능수량(기초재고수량 + 당기매입수량)에서 기말실지재고수량을 차감하여 계산한다.

기초재고수량 + 당기매입수량 - 기말실지재고수량 = 당기판매수량

계속기록법과 실지재고조사법을 병행하는 방법을 혼합법이라고 하는데 이 방법은 계속기록법에 의하여 상품재고장의 기록을 유지하고 일정시점에서 실지재고조사도 실시하는 방법이다.

계속기록법에 의한 장부상의 기말재고수량과 실지재고조사를 통하여 확인된 기말실지재고수량이 도난이나 판손 등의 사유로 차이가 발생할 수가 있는데 순수한 의미에서의 계속기록법과 실지재고조사법은 재고감소량을 파악할 수 없다. 즉 혼합법을 사용할 경우 재고감모수량을 파악할 수 있다. 즉 계속기록법에 의할 경우 실지재고조사를 하지 않기 때문에 감모량을 파악할 수 없으며, 재고감모손실만큼 기말재고수량이 과대평가된다. 반대로 실지재고조사법에 의할 경우 재고실사에 포함되지 않은 재고자산은 모두 판매된 것으로 가정하므로 제고감모손실을 파악할 수 없으며 재고감모손실분이 당기판매수량에 포함된다.

따라서 수량을 파악하는 방법으로는 계속기록법과 실지재고조사법을 병행하는 혼합법을 사용해야 한다.

상품재고장은 수량의 증감만을 기입하는데 그치지 않고 금액까지 아울러 기입하여야 하는데 이때 동일한 상품을 서로 다른 가격으로 매입하였을 경우 판매된 상품의 단가를 얼마로 할 것인지가 문제가 된다. 따라서 상품의 실제 물량흐름과는 상관없이 일정한 가정을 통하여 매출원가와 기말재고로 배분하게 되는데 이를 원가흐름의 가정이라고 한다. 원가흐름의 가정에는 다음과 같은 방법들이 있다.

일반적인 방법	특수한 방법
① 개별법	① 소매재고법 = 매출가격 환원법
② 선입선출법	② 매출총이익률법
③ 후입선출법	
④ 평균법	

일반적인 방법을 간단히 설명하면 다음과 같다.

① 개별법(specific identification method) : 재고자산을 개별적으로 식별하여 매입가격별로 판매된 것과 남은 것을 구별하여 가격을 결절하는 방법

으로 이 방법은 실제물량의 흐름과 원가흐름이 일치하는 방법이지만 상품의 종류와 수량이 많고 거래가 빈번하게 발생하는 경우는 실무상 부담이 큰 단점이다.

② 선입선출법(FIFO : first-in first-out method) : 재고자산을 실제물량의 흐름과 상관없이 먼저 매입한 상품이 먼저 판매되는 것을 가정하여 장부에 기록하는 방법으로 매입순법으로도 불리운다. 따라서 기말재고는 현재의 시가와 가장 근접한 금액으로 기록하며 물가상승시에는 이익이 과대하게 계상되는 경향이 있다.

③ 후입선출법(LIFO : last-in first-out method) : 재고자산이 실제물량의 흐름과는 상관없이 상품을 매입한 순서의 역순으로 판매된다고 가정하여 기록하는 방법을 말하며 매입역법이라고 한다. 즉, 나중에 매입한 상품이 먼저 판매되는 것으로 가정하므로 판매된 상품의 매출원가가 최근의 원가로 구성되며 기말재고는 기초재고와 함께 오래 전의 매입원가로 구성되어 진다. 따라서 물가상승시에는 선입선출법과 반대로 이익을 적게 계상하고 재고자산을 과소계상하는 경향이 있다.

④ 평균원가법(average cost method) : 재고자산의 원가를 평균하는 단가를 구하여 그 단가를 재고자산을 평가하는데 적용하는 방법으로 이에는 이동평균법(계속기록법), 총평균법(실지재고조사법)이 있다.

기업회계기준에서는 재고자산의 금액의 평가방법으로 개별법, 선입선출법, 후입선출법, 이동평균법, 총평균법을 인정하고 있으며 매출가격환원법에 대해서는 회사의 업종이나 재고자산의 특성을 고려하여 제한적으로 그 사용을 허용하고 있다(기업회계기준 제58조의 1).

예제16

다음의 자료를 토대로

① 실지재고조사법과 계속기록법 하에서 개별법에 의한 매출원가와 기말재고액을 구하라.

② 실지재고조사법과 계속기록법 하에서 선입선출법에 의한 매출원가와 기말상품재고액을 구하라.

③ 실지재고조사법과 계속기록법 하에서 후입선출법에 의한 매출원가와 기말상품재고액을 구하라.

④ 실지재고조사법과 계속기록법 하에서 평균원가법에 의한 매출원가와 기말상품재고액을 구하라.

• 상품에 관한 입출고내역은 다음과 같다.

일자	수입(입고)		출고	잔고
10월 2일	2,000개	@₩400		2,000개
15일	6,000개	450		8,000개
19일			4,000개	4,000개
30일	2,000개	500		6,000개

• 기초상품은 없다.

• 실지재고조사결과 기말재고량은 6,000개이며, 이는 10월 2일 매입분 1,000개와 15일 매입분 3,000개 30일 매입분 2,000개로 되어 있다.

① 실지재고조사법과 계속기록법 하에서 개별법에 의한 매출원가와 기말재고액을 구하라.

▶ 실지재고조사법 : 기말상품재고액을 먼저 구하고 매출원가를 구한다. 이때 각 기말재고상품에 적용하는 단가는 실물흐름과 정확히 일치하는 가격을 개별적으로 적용한다.

－기말상품재고액＝1,000개×@₩400＋3,000개×@₩450＋2,000개×₩500＝₩2,750,000

- 매출원가=기초상품재고액+당기매입액-기말상품재고액
  =₩0+₩4,500,000-₩2,750,000=₩1,750,000

▶ 계속기록법 : 매출원가 계정을 통하여 매출원가가 먼저 집계될 것이다. 실무에서는 상품재고장의 기록을 통해서도 파악할 수 있다. 따라서 이 때에 구해지는 기말상품재고액은 장부상의 잔액을 의미한다.

- 매출원가=1,000개×@₩400+3,000개×@₩450=₩1,750,000
- 기말상품재고액=기초상품재고액+당기매입액-매출원가
  =₩0+₩4,500,000-₩1,750,000=₩2,750,000

② 실지재고조사법과 계속기록법 하에서 선입선출법에 의한 매출원가와 기말상품재고액을 구하라.

▶ 실지재고조사법 : 기말상품재고액을 먼저 구하고 매출원가를 구한다. 이 때 기말상품재고액에 적용하는 상품의 단가는 맨 마지막에 매입한 상품의 단가로부터 차례로 적용한다.

- 기말상품재고액=2,000개×@₩500+4,000개×@₩450
  =₩2,800,000
- 매출원가=기초상품재고액+당기매입액-기말상품재고액
  =₩0+₩4,500,000-₩2,800,000=₩1,700,000

▶ 계속기록법 : 매출원가 계정을 통하여 매출원가가 먼저 집계될 것이다. 이 때에 구해지는 매출원가는 매입한 순서대로 상품의 단가로 사용한다.

- 매출원가=2,000개×@₩400+2,000개×@₩450=₩1,700,000
- 기말상품재고액=기초상품재고액+당기매입액-매출원가
  =₩0+₩4,500,000-₩1,700,000=₩2,800,000

③ 실지재고조사법과 계속기록법 하에서 후입선출법에 의한 매출원가와 기말상품재고액을 구하라.

▶ 실지재고조사법 : 기말상품재고액에 적용하는 상품의 단가는 맨 처음 매입한 상품의 단가로부터 차례로 적용한다.

- 기말상품재고액=2,000개×@₩400+4,000개×@₩450
  =₩2,600,000
- 매출원가=기초상품재고액+당기매입액-기말상품재고액
  =₩0+₩4,500,000-₩2,600,000=₩1,900,000

▶ 계속기록법 : 매출원가는 매출하는 시점에서 가장 최근 매입한 순서대로 상품의 단가로 사용된다.)

- 매출원가=4,000개×@₩450=₩1,800,000
- 기말상품재고액=기초상품재고액+당기매입액-매출원가
  =₩0+₩4,500,000-₩1,800,000=₩2,700,000

④ 실지재고조사법과 계속기록법 하에서 평균원가법에 의한 매출원가와 기말상품재고액을 구하라.

▶ 실지재고조사법 : 실지재고조사법에서 사용되는 평균단가는 총평균단가로 일정기간 동안의 상품의 총판매가능액을 판매가능수량으로 나누어 계산한다.

- 평균단가=₩4,500,000/10,000개=@₩450
- 기람상품재고액=6,000개×@₩450=₩2,700,000
- 매출원가=기초상품재고액+당기매입액-기말상품재고액
  =₩0+₩4,500,000-₩2,700,000=₩1,800,000

▶ 계속기록법 : 계속기록법에서 사용되는 평균단가는 이동평균단가로서 매출원가를 먼저 구하며 매출시점에서의 판매가능액의 단가를 구하여 적용한다. 이 방법 역시 상품재고장의 작성을 통하는 것이 바람직하다.

- 매출원가=4,000개×@₩437.5=₩1,750,000
  여기서, 평균단가는 다음과 같이 산정한다.
  (2,000개×@₩400+6,000개×@₩450)/8,000=@₩437.5
- 기말상품재고액=기초상품재고액+당기매입액-매출원가
  =₩0+₩4,500,000-₩1,750,000=₩2,750,000

앞에서 제시한 결과를 토대로 각각의 원가흐름의 가정에 대하여 상호비교해 보면 다음과 같다.

첫째, 개별법은 실제 물량흐름대로 판매가능상품을 매출원가와 기말재고로 배분하는 방법인데, 이는 현실적으로 적용하기 힘들기 때문이며 선입선출법, 후입선출법, 평균법 등의 원가흐름의 가정이 도입된다.

둘째, 매출원가와 기말재고는 '수량×단가'로 결정되는데 수량을 파악하는 방법에는 계속기록법과 실지재고조사법 및 혼합법이 있으나 실무에서는 계속기록법과 실지재고조사법을 병행하는 혼합법만을 사용해야 한다. 그리고 단가를 결정하는 방법에는 원가흐름의 가정에 따라 출고단가를 상품출고시마다 계속기록하는 계속단기기록법과 기말에 일괄하여 출고단가를 기록하는 기말단가기록법이 있다. 계속단가기록법과 기말단가기록법은 실무상 모두 상용할 수 있는 방법이다.

셋째, 이동평균법은 계속단가기록법으로 평균법을 적용한 방법이며, 총평균법은 기말단기기록법에 의하여 평균법을 적용한 방법이다.

넷째, 개별법과 선입선출법은 계속단가기록법과 기말단가기록법에 의한 결과가 동일하지만 후입선출법에서는 다르다.

다섯째, 일반적으로 네 가지 방법 중 인플레이션하에서는 기말재고수량이 기초재고수량보다 같거나 증가하는 한 기말재고금액의 크기는 선입선출법>평균법>후입선출법 순이며, 매출원가는 그 반대다. 따라서 선입선출법이 가장 많은 순이익을 보고하는 방법이고 후입선출법이 가장 적은 순이익을 보고하는 방법이며, 평균법과 개별법은 선입선출법과 후입선출법 사이에서 결정된다.

재고자산가액결정의 특수한 방법을 설명하면 다음과 같다.

재고자산가액 결정의 추정에 의한 방법중 매출가격환원법은 소매가(판매가)로 표시된 기말재고액에 당기의 원가율을 곱하여 기말재고의 원가를 구하는 방법이다.

원가기준의 기말재고 = 매출가격기준의 기말재고* × 원가율**
* 매출가격기준 기말재고 = 매출가격기준 판매가능상품액 − 당기매출액 ** 원가율 = 원가기준판매가능액/매출가격기준판매가능액

매출총이익률법은 과거의 매출총이익률을 이용하여 추정매출원가를 산출한 다음 그 매출원가로 기말재고의 원가를 역으로 추정하는 방법이다.

> 추정매출원가 = 매출액 - 추정매출이익(= 매출액 × 이익률)
> 기말재고 = 판매가능액 - 추정매출원가

4) 재고자산감모손실과 평가손실

재고자산감모손실과 재고자산평가손실의 회계처리는 첫째로는, 원가성이 있다고 하여 매출원가에 포함시키는 방법으로 이는 재고자산을 관리하는 과정상 경영자의 통제가 불가능한 손실인 것이며 과거의 경험이나 상품의 특성으로 볼 때 통상적으로 인정될 수 있는 정도의 손실을 의미한다. 둘째로, 원가성이 없다고 하여 영업외비용으로 처리하는 방법은 재고자산의 관리상 경영자의 통제가 가능한 손실이라 판단하여 손실의 발생에 대한 책임의 의미로서 원가산입을 인정하지 않는 것이다.

실재고조사법과 계속기록법을 사용하여 상품에 대한 회계처리를 할 때 다음과 같이 한다.

적 요	실지재고조사법	계속기록법
상품매입시	(차) 매입 (대) 현금 등	(차) 상품 (대) 현금 등
상품매출시	(차) 현금 등 (대) 매출	(차) 현금 등 (대) 매출 매출원가 상품
결산시	(차) 매출원가 (대) 상품(기초) 매출원가 매입 상품(기말) 매출원가	* 상품판매시마다 매출원가에 대한 회계처리를 하였으므로 기말에 매출원가에 대한 회계처리를 할 필요가 없다.

(2) 매출채권과 매입채무

매출채권이란 상품을 매출하고 현금 등을 받을 권리가 있는 채권계정이다. 여기에서는 상품을 외상 혹은 어음상으로 매출하거나(매출채권) 원재료 등을 외상 혹은 어음상으로 매입한 경우(매입채무)를 같이 설명한다.

1) 외상매출금과 외상매입금

외상거래 또는 신용거래란 매매계약이 성립되어 상품 등이 인도되었으나 그 대금은 일정기간 후에 결제되는 거래를 말한다. 이와 같은 외상거래의 대상은 상품, 제품, 원재료 등 재고자산으로서 기업의 주된 영업활동과 관련된 것이 된다. 상품을 외상으로 매출한 경우에는 외상매출금 계정의 차변에 기입하고 외상매출금을 회수한 경우에는 대변에 기입한다.

또한 매출에누리와 환입, 그리고 대손상각액도 외상매출금의 감소를 가져오므로 외상매출금 계정의 대변에 기입한다.

한편, 상품을 외상으로 매입한 경우에는 외상매입금 계정의 대변에 기입하고 외상매입금을 갚은 경우 차변에 기입한다. 매입에누리와 환출은 외상매입금의 감소를 가져오므로 외상매입금 계정의 차변에 기입한다.

현행 기업회계기준에 따르면 공표용 재무제표상에는 외상매출금과 받을어음, 외상매입금과 지급어음을 각각 표시하지 않고 외상매출금과 받을어음을 묶어 매출채권으로 외상매입금과 지급어음을 묶어 매입채무로 표시하도록 하고 있다. 그러나 기업 내부적으로는 외상매출금과 받을어음 그리고 외상매입금과 지급어음을 각각 구분할 필요가 있어 최초의 기장으로부터 외상매출금 등의 명칭을 사용할 수 있다.

신용카드에 의한 매출은 일상적인 것으로 신용카드 매출에는 신용카드회사, 상품판매인과 소비자의 세 당사자가 관련된다. 상품판매업자는 신용카드 소지자에게 상품을 판매하고 신용카드회사로부터 통상적으로 매출액의 2~

6%에 해당하는 수수료를 차감하고 판매대금을 지급받는다. 신용카드회사는 소비자의 신용카드 사용대금 결제일에 현금을 회수하며 혹시 현금을 회수할 수 없는 경우에는 손실을 감수한다. 어떤 신용카드는 판매일에 곧바로 판매일로부터 일정기일 경과한 후에 판매자의 예금계좌에 입금시키기도 한다. 판매일에 입금되는 경우에는 현금매출로 기록하면 되고 판매일로부터 일정기일 경과 후에 입금되는 경우에는 외상매출로 기록하면 된다. 한편 판매업자에게 지급되는 수수료는 판매비와관리비로 분류된다.

예제17

청운물류(주)는 ₩300,000의 상품을 판매하고 대금은 신용카드로 결제하였다. 이 경우 3%의 수수료를 차감한 금액이 바로 입금된다.

차변	금액	대변	금액
(차) 당좌예금	291,000	(대) 매 출	300,000
수수료비용	9,000		

만약, 매출일로부터 일정기간 후에 카드회사가 2%의 수수료를 제외한 금액을 판매업자에게 지급하는 경우라면

차변	금액	대변	금액
(차) 외상매출금	294,000	(대) 매 출	300,000
수수료비용	6,000		

차후 판매대금이 입금된 경우

차변	금액	대변	금액
(차) 당좌예금	294,000	(대) 외상매출금	294,000

9월 8일 두정상사에 상품 ₩50,000을 외상으로 매출하다.
9월 30일 위 두정상사의 외상매출금을 현금으로 회수하다.
10월 4일 용곡상사에서 상품 ₩30,000을 외상으로 매입하다.
10월 25일 위 용곡상사의 외상매입금을 현금으로 지급하다.

날짜	차변	금액	대변	금액
9/8	(차) 외상매출금	50,000	(대) 매 출	50,000
9/30	(차) 현 금	50,000	(대) 외상매출금	50,000
10/4	(차) 매 입	30,000	(대) 외상매입금	30,000
10/25	(차) 외상매입금	30,000	(대) 현 금	30,000

2) 어음거래의 채권과 채무

어음거래의 회계처리상 중요한 것은 기업의 입장에서 어음거래의 결과 어음상의 채권이 발생하였는가, 아니면 어음상의 채무가 발생하였는가 하는 것이다. 여기서 일반적 상거래에서 발생한 어음상의 채권을 받을어음이라 하고 어음상의 채무를 지급어음이라고 한다. 회계처리는 어음상의 채권이 발생하면 받을어음계정(매출채권계정)의 차변에 기입하고 채권이 소멸하면 대변에 기입한다. 그리고 어음상의 채무가 발생하면 지급어음계정(매입채무계정) 대변에 기입하고 채무가 소멸하면 차변에 기입한다.

예제18

다음 거래를 분개하시오.

10월 1일 두정상사에 상품 ₩50,000을 매출하고 대금은 약속어음을 받다.

10월 7일 천안상사에 상품 ₩60,000을 매입하고 대금은 약속어음을 발행하여 지급하다.

10월 10일 7월1일의 두정상사의 받을어음 금액 ₩50,000을 현금으로 회수하다.

10월 12일 용곡상사로부터 외상매출금 ₩30,000에 대하여 약속어음을 받다.

10월 15일 평화상사에 외상매입금 ₩50,000을 갚기 위하여 약속어음을 발행하여 교부하다.

날짜	차변	금액	대변	금액
10/1	(차) 받을어음	50,000	(대) 매　출	50,000
10/7	(차) 매　입	60,000	(대) 지급어음	60,000
10/10	(차) 현　금	50,000	(대) 받을어음	50,000
10/12	(차) 받을어음	30,000	(대) 외상매출금	30,000
10/15	(차) 외상매입금	50,000	(대) 지급어음	50,000

제2절 사회복지법인의 고정자산

고정자산이란 대차대조표일로부터 1년 이후에 현금화 할 수 있는 자산을 말하는데 이는 다시 투자자산, 유형자산, 무형자산으로 분류된다.

사회복지법인 회계 · 규칙에서는 고정자산을 유형과 무형으로 분류하고 유형고정자산을 토지, 건물, 기계기구류로 무형고정자산을 지상권, 전세권, 특허권 등으로 나누고 있으나 기업회계기준에 의해 고정자산을 더욱 구체적으로 분류하여 설명해 보면 다음과 같다.

1. 투자자산

투자자산이란 다른 회사를 지배 또는 통제할 목적 또는 장기적인 이식을 얻을 목적으로 보유하는 자산으로 장기금융상품, 투자유가증권, 장기대여금, 보증금 등이 이에 속한다.

투자자산[3]은 장기적으로 투자되는 자산으로 일시적으로 투자되는 유가증권이나 일상적인 영업활동을 위한 유동자산과는 다른 자산이다. 유가증권과 투자유가증권(투자자산 중 특히 투자유가증권과 관계회사주식)은 다같이 주식, 채권을 주요 투자대상으로 하지만 전자는 단기투자자산이고 후자는 장기투자자산이라는 점에서 다르다. 투자자산은 고정자산 가운데 유동성이 가장

3) 비영리조직의 재무제표작성과 표시지침서, 한국회계연구원(2003)에 의하면 "기부자가 기부를 하면서 투자대상을 지정하고 당해 투자로부터 발생하는 평가손익이나 처분손익이 어떻게 처리되어야 하는지 명시한 경우로서 그 투자대상이 유가증권인 경우 그 내용을 주석으로 기재하고 당해 유가증권에서 발생하는 평가손익이나 처분손익은 기부자의 의도에 따라 회계처리한다."라고 규정되어 있다.

높은 자산, 즉 현금화가 가장 빠른 자산으로 생각되고 있다.

(1) 투자자산의 분류

① 투자목적에 따른 분류

㉠ 다른 기업을 지배 · 통제할 목적으로 보유하는 것으로 이에는 투자유가증권 중 관계회사주식, 채권, 출자금 등이 있다.

㉡ 장기의 이식을 목적으로 보유하는 것으로 이에는 장기금융상품, 장기대여금, 투자유가증권 중 투자주식, 채권, 출자금 등이 있다.

㉢ 가격상승을 목적으로 보유하는 것으로 이에는 투자부동산 등이 있다.

② 자산형태에 따른 분류

㉠ 지분증권 : 주식에 대한 투자

㉡ 부채증권 : 채권에 대한 투자

(2) 투자자산의 평가

투자자산 대부분이 원가(취득원가)로 평가되고 있으나 원가법 이외의 방법도 적용하고 있는데 투자주식과 투자채권을 중심으로 설명하면 다음과 같다.

① 투자주식

기업회계기준상 투자주식은 매입가격에 부대비용을 가산하고 이에 총평균법 또는 이동평균법을 적용하여 산정한 취득원가를 대차대조표가액으로 하도록 하고 있어 취득원가주의를 원칙으로 하고 있으나 시장성투자주식과 관계회사주식, 원가법을 사용하는 시장성 없는 투자주식 등에 대하여는 다양한 평가방법을 인정하고 있다.

㉠ 관계회사주식을 제외한 시장성투자주식 : 공정가액 평가(시가법)

장부가액<공정가액 : 투자유가증권평가이익 – 자본증가조정

장부가액>공정가액 : 투자유가증권평가손실 – 자본차감조정

- 공정가액이 하락하여 회복가능성이 없는 경우에는 투자유가증권감액손실로 처리하여 당기의 비용으로 처리할 수 있다.

㉡ 시장성 없는 주식 : 저가주의

투자주식 중 시장성 없는 주식을 취득원가에 의해 평가한 경우 순자산가액이 하락하여 회복할 가능성이 없는 경우에 당해 주식의 취득원가를 순자산가액으로 조정하고 당초의 취득원가와 조정된 가액과의 차이를 투자유가증권감액손실로 처리한다. 다만, 차기이후에 감액한 투자주식의 순자산가액이 회복하면 감액전 장부가액(취득원가)을 한도로 하여 투자유가증권감액손실환입으로 처리한다.

예제1

(주)천안은 2005년 6월 3일 두정(주)의 주식 10,000주(@₩1,000)를 현금으로 매입하다. 두정(주)의 주식은 상장된 주식이며 총발행주식수는 100,000주이다.

(차) 투자주식	10,000,000	(대) 현 금	10,000,000

2005년 12월 31일 위 주식의 가격은 주당 ₩1,200원이다.

(차) 투자주식	2,000,000	(대) 투자유가증권평가이익	2,000,000

㉢ 관계회사주식(중대한 영향력을 행사할 수 있는 주식) : 지분법적용

투자주식 중 중대한 영향력을 행사할 수 있는 주식은 지분법을 적용하여 평가한 가액을 대차대조표가액으로 하고 장부가액과 대차대조표가액의 차이가 피투자회사의 당기순이익 또는 당기순손실로 인하여 발생한 경우는 지분법평가이익 또는 지분법평가손실로 처리하고 이익잉여금의 증

가 또는 감소로 인한 경우에는 이익잉여금의 증가 또는 감소로 자본잉여금 및 자본조정의 증가 또는 감소로 인한 경우에는 자본조정 항목인 투자유가증권평가이익 또는 투자유가증권평가손실로 처리한다.

예제2

(주)천안은 2005년 6월 3일 두정(주)의 주식 10,000주(@₩1,000)를 현금으로 매입하다. 두정(주)의 주식은 상장된 주식이며 총발생주식수는 50,000주이다.

(차) 관계회사주식	10,000,000	(대) 현　금	10,000,000

2005년 12월 31일 (주)천안이 당기순이익 ₩5,000,000을 보고하다.

(차) 관계회사주식	1,000,000	(대) 지분법평가이익	1,000,000

② 투자채권

투자유가증권 중 투자채권은 사채나 국 · 공채를 장기투자목적으로 구입한 것으로 기업회계기준상 투자채권은 매입가액에 부대비용을 가산하고 이에 총평균법과 이동평균법을 적용하여 산정한 취득원가를 대차대조표가액으로 하도록 하여 취득원가주의를 원칙으로 하면서 장부가액과 공정가액이 다른 경우 공정가액으로 조정하도록 하는 공정가액주의(시가법)을 인정하고 있다.

예제3

(주)천안은 2005년 1월2일 천안(주)의 채권을 액면가액으로 취득하였다. 채권의 액면총액은 ₩10,000,000이고 이자율은 10%이며, 이자수취일은 매년말이다. (주)천안은 이 채권을 장기간 보유할 목적이다. 취득시 대금은 수표로 지급하였고 이자는 현금으로 받았다. 취득시와 결산시의 분개를 하라.

<2005년 1월 2일>

(차) 투자채권	10,000,000	(대) 당좌예금	10,000,000

<2005년 12월 31일>

(차) 현 금	1,000,000	(대) 이자수익	1,000,000

이 경우 장기보유목적의 국채 · 공채 · 사채 기타의 채권으로 취득원가와 액면가액이 다른 것은 그 차액을 상환기간에 걸쳐 유효이자율법[4])을 적용하여 취득원가와 이자수익에 가감한다.

한편, 투자채권의 장부가액이 공정가액과 다른 경우에는 공정가액을 대차대조표가액으로 하며 그 차액을 투자유가증권평가이익 또는 투자유가증권평가손실의 자본조정으로 처리한다. 이 경우 투자채권의 공정가액이 하락하여 회복할 가능성이 없는 경우에는 투자유가증권감액손실의 과목으로 하여 당기손실로 처리한다.

예제4

(주)천안은 2005년 1월 2일 (주)혜전 채권을 할인가액으로 취득하였다. 채권의 액면총액은 ₩10,000,000이고 이자율은 10%이며 이자수취일은 매년말이다. 채권취득일의 시장이자율은 12%로 이 이자율로 계산한 채권의 현가를 현금으로 지급하였다. 매년말 지급되는 이자도 현금으로 받은 것으로 한다. 만기일은 2009년 12월 31일이다. 취득시와 결산시의 분개를 하라.
채권의 현재가치(현가)는 다음과 같이 원금과 이자의 현재가치를 합산한 것이다.

---

4) 유효이자율법은 유효이자액(장부가액×시장이자율)을 당기 이자수익(비용)으로 인식하고 유효이자액과 액면이자액과의 차액을 할인액상각으로 처리하는 방법이다. 이 방법은 사채 취득(발행)시의 시장이자율(실질이자율)을 기초로 매년 이자수익(비용)을 인식하므로 투자사채(사채)의 장부가액이 변동함에 따라 이자수익(비용)도 변동하게 된다. 이론적으로 볼 때 이자액의 크기는 채권 채무의 크기에 따라 달라져야 하므로 유효이자율법에 의하여 이자액을 결정하는 것이 정액법을 사용하는 것보다 타당하다.
사채이자수익(비용)=사채의 장부가액×시장이자율(유효이자율)
할인액상각=유효이자액-액면이자액

- 원금의 현가 10,000,000×(12%, 5년의 현가요소, 부록참조)
  =10,000,000×0.56743=5,674,300
- 이자의 현가 1,000,000×(12%, 5년의 연금현가요소, 부록 참조)
  =1,000,000×3.60478=3,604,780
- 채권의 현가
  =5,674,300+3,604,780=9,279,080

2005 1/2	(차) 투자채권	9,279,080	(대) 현 금	9,279,080

2005 12/31	(차) 현 금	1,000,000	(대) 이자수익	1,113,489
	투자채권	113,489		

* 2005년 12월 31일 회계처리를 위해서는 유효이자율법에 의한 채권할인액적립표를 작성하는 것이 편리하다. 이와 같은 채권할인액적립표는 차후에 채권의 처분시 사채처분소익을 계산하는 데에도 도움을 준다. 이와 같은 채권처분손익은 투자자산처분손익으로 영업외손익에 속한다. 다만, 비경상적이고 거액의 손익은 특별손익에 속한다.

③ 기타 투자자산

앞서 논의한 투자주식과 투자채권 외에도 기업회계기준에서는 장기금융상품과 장기대여금, 장기성매출채권, 투자부동산, 보증금 등을 기타의 투자자산으로 들고 있다.

㉠ 장기금융상품 : 유동자산에 속하지 않는 금융상품으로 만기가 1년 이상인 정기예금, 정기적금 등 저축성예금과 사용이 제한되어 있는 특정현금과예금(감채기금, 사업확장을 위한 예금 등) 등으로 그 내용에 대하여는 주석에 기재한다.

㉡ 장기대여금, 장기성매출채권 : 장기대여금은 상환기간이 대차대조표일로부터 1년 이상인 대여금을 말한다. 장기성매출채권은 일반적으로 상거래에서 발생한 장기의 외상매출금 및 받을어음을 말한다. 이와 같은 장기성채권은 명목가치와 현재가치의 차이가 중요한 경우 현재가치로 평가하고 그 차액은 채권의 차감계정인 현재가치할인차금으로 기록한다.

㉢ 투자부동산, 보증금 : 투자부동산은 투자의 목적 또는 비영업용으로 소

유하는 토지, 건물 및 기타의 부동산을 말하며 그 내용을 주석으로 기재한다. 부동산회사나 또는 건설회사의 경우에는 부동산을 재고자산으로 분류하고 토지를 영업활동에 사용하기 위한 건물이나 공장을 짓기 위하여 구입한 경우에는 유형자산으로 분류한다. 따라서 제조기업 등이 투자목적으로 구입한 경우에만 투자자산으로 분류한다. 취득에서 처분까지 발생한 모든 지출은 투자부동산의 취득원가에 산입된다.

보증금은 전세권, 전신전화가입권, 임차보증금 및 영업보증금을 말한다. 전세권은 전세계약에 따라 전세금을 지급하고 타인의 부동산을 사용할 수 있는 권리이다. 전신전화가입권은 전신 또는 전화를 사용하기 위해 지급된 설치비이다. 임차보증금은 타인의 동산이나 부동산을 사용하기 위하여 지급한 보증금이며, 영업보증금은 영업목적을 위하여 타인에게 제공한 보증금이다.

예제5

2001년초에 (주)천안은 10,000,000을 주거래 은행에서 3년간 차입하였는데 차입조건에 의하면 (주)천안은 매년말에 2,000,000의 현금을 감채기금으로 적립하도록 되어 있다. (주)천안은 감채기금을 투자신탁회사에 연 5%의 이자율로 적립하였다. 이와 관련된 회계처리를 나타내시오.

2001/12/31	감채기금의 적립시			
	(차) 장기금융상품	2,000,000	(대) 현 금	2,000,000
2002/12/31	감채기금의 적립시			
	(차) 장기금융상품	2,100,000	(대) 현 금	2,000,000
			이자수익	100,000*
	(차) 단기금융상품	4,100,000**	(대) 장기금융상품	4,100,000
2003/12/31	감채기금의 적립시			
	(차) 단기금융상품	2,205,000	(대) 현 금	2,000,000
			이자수익	205,000***

2003/12/31 사채 상환시				
	(차) 차 입 금	10,000,000	(대) 단기금융상품	6,305,000
			현 금	3,695,000

* 2,000,000×0.05=100,000
** 2,000,000+2,100,000=4,100,000
*** 4,100,000×0.05=205,000

2. 유형자산

유형자산이란 판매 또는 처분을 목적으로 하지 않고 비교적 장기간 기업의 정상적인 영업활동과정에서 재화의 생산・판매 및 용역제공을 위한 수단으로 보유하고 있는 유체물을 말한다. 이러한 정의에 비추어 유형자산의 특징을 구체적으로 보면 첫째 정상적인 영업활동에 사용할 목적으로 취득한 자산으로 둘째, 여러 회계기간에 걸쳐 기업에 서비스를 제공하는 미래의 용역 잠재력을 지닌 셋째, 물리적 실체가 있는 유형의 자산이다.

유형자산과 관련된 회계처리문제는 크게 네 가지로 나누어 생각할 수 있다.

① 취득원가의 결정문제

② 취득일 이후 사용하는 과정에서 발생한 지출의 처리문제

③ 한정된 수명을 가지고 있는 유형자산의 취득원가를 용역이 제공되는 기간에 할당하는 절차에 관한 문제

④ 유형자산의 처분에 관한 문제

사회복지법인회계・규칙에 의하면 유형자산으로 토지, 건물, 기계・기구류 등을 열거하고 있으나 기업회계기준에 의한 대표적인 유형자산의 예로는 토지, 건물, 구축물, 건설중인 자산, 기계장치, 비품, 차량운반구, 광산, 유전 등이 있다.

(1) 유형자산의 분류

유형자산은 상각대상 여부에 따라 상각자산과 미상각자산 그리고 천연자원 등에 적용되는 감모상각자산으로 구분한다.

① 미상각자산 : 토지, 건설중인 자산

② 감가상각자산 : 건물, 구축물, 기계장치, 선박, 차량운반구, 기타의 유형자산

③ 감모상각자산 : 자연자원인 광산, 유전, 삼림 등

(2) 유형자산의 취득

유형자산의 기본적 평가기준은 역사적 원가로서 취득원가이다. 취득원가란 자산을 획득하여 의도된 용도에 따라 그 자산을 사용할 장소에 설치하고 사용할 수 있는 상태로 하기까지 발생한 현금 또는 현금등가액으로 측정되는 금액을 말한다.

유형자산의 취득은 매입에 의하거나 자가제조(자기건설)에 의하는 것이 일반적이나 그 이외에도 여러 가지 방법에 의하여 취득할 수 있다.

① 매입에 의한 취득 : 매입가격+부대비용(매입수수료, 운임, 설치비, 시험운전비, 취득에 따른 제세공과)

예제6

두정(주)는 업무용 토지를 일시불로 구입하고 대금 ₩20,000,000을 수표발행하여 지급하다. 또한 중개수수료 ₩100,000과 등기비용 ₩400,000, 토지의 정지비용 ₩500,000을 현금으로 지급하다.

(차) 토 지	21,000,000	(대) 당좌예금	20,000,000
		현 금	1,000,000

② 자가제조에 의한 취득 : 직접비 + 제조간접비

예제7

용곡건설은 건물을 신축하기로 하고 건설본부에 건축비 ₩10,000,000을 수표로 선급하다.

(차) 건설중인 자산	10,000,000	(대) 당좌예금	10,000,000

건설본부로부터 건축비로 다음의 비용이 발생하였음을 보고 받다.
재료비 ₩2,000,000 노무비 ₩3,000,000 경비 ₩1,000,000

(차) 건설중인자산	6,000,000	(대) 미지급금	6,000,000

건물이 완성됨에 따라 건설본부에 건축비 미지급액에 대한 수표를 발행하여 지급하다.

(차) 건 물	16,000,000	(대) 건설중인자산	16,000,000
미지급금	6,000,000	당좌예금	6,000,000

③ 주식발행에 의한 취득 : 취득 유형자산의 공정시장가치 또는 주식의 발행가액

예제8

주식액면 @₩10,000, 시가 ₩12,000의 주식 100주를 발행하여 주고 건물(감정가액 ₩1,100,000)을 취득하였다.
<주식이 상장된 경우>

(차) 건 물	12,000,000	(대) 자본금	1,000,000
		주식발행초과금	200,000

<주식이 상장되지 않은 경우>

(차)	건 물	1,100,000	(대)	자본금	1,000,000
				주식발행초과금	100,000

④ 증여 및 무상취득 : 공정시장가치 – 자산수증이익(특별이익)

예제9

(주)천안은 두정기계(주)로부터 시가 ₩15,000,000의 기계장치를 무상으로 제공받았다.

(차)	기계장치	1,500,000	(대)	자산수증이익	1,500,000

⑤ 교환에 의한 취득 : 공정가액기준(구자산 또는 신자산) 단, 토지, 건물을 제외한 동종 유형자산간의 교환시는 양도한 자산의 장부가액으로 할 수 있다.

예제10

홍성운송은 구형화물차(장부가액 ₩5,000,000)를 신형화물차와 교환하면서 현금 ₩3,000,000을 추가로 지급하였다. 이때 신자산의 공정가액은 ₩8,500,000이었다.

(차)	차량운반구	8,000,000	(대)	차량운반구	5,000,000
				현 금	3,000,000

⑥ 일괄 구입한 경우 : 유형자산을 일괄구입한 경우에는 총 취득원가를 구성 유형자산의 공정시가비율로 배분한다.

예제11

(주)천안은 대지 100평과 건물을 ₩120,000,000에 현금 구입하였다. 이때 토지의 감정평가액은 ₩60,000,000이며 건물의 감정평가액은 ₩30,000,000이다.

(차) 토 지	80,000,000	(대) 현 금	120,000,000
건 물	40,000,000		

⑦ 국고보조금 또는 공사부담금에 의한 취득 : 해당자산의 취득원가에서 차감하는 형식으로 표시하고 당해자산의 내용연수에 결쳐 감가상각비와 상계한다.

• 취득시 :	(차) 구축물	(대) 현 금
		국고보조금
• 기말결산시 :	(차) 감가상각비	(대) 감가상각누계액
	국고보조금	

예제12

(주)두정은 폐수방지시설을 건립하면서 국고보조금으로 총 공사비의 20%인 ₩20,000,000 받아 완성하였다.

(차) 구 축 물	100,000,000	(대) 현 금	80,000,000
		국고보조금[5)]	20,000,000

결산일이 되어 감가상각을 하다. 내용연수는 10년으로 하고 잔존가액은 없으며 정액법에 의한다.

(차) 감가상각비	8,000,000	(대) 감가상각누계액	10,000,000
국고보조금	2,000,000		

5) 이때 국고보조금은 자산의 차감계정으로 대변잔액을 갖게 된다.

⑧ 장기연불조건에 의한 취득 : 당해 자산의 공정가액 또는 총지급액의 현가를 자산가액으로 하고 지급액총액과 현가차이를 현재가치할인차금으로 처리한 후 유효이자율법에 의거 상각

• 취득시 : (차) 기계장치(현가)　　　　(대) 장기성미지급금(액면금액)
　　　　　　현재가치할인차금*

* 이때 현재가치할인차금은 장기성미지급금의 차감계정이다.

예제13

(주)천안은 2005년 1월 1일에 기계 ₩751,310을 구입하면서 3년 만기 무이자부 어음 ₩1,000,000발행하여 지급하였다. (유효이자율 10% 3기 : 0.75131, 부록참조)

(차) 기계장치	751,310	(대) 장기성미지급금	1,000,000
현재가치할인차금	248,690		

(3) 유형자산의 유지시의 지출처리 : 자본적 지출과 수익적 지출

유형자산을 유지하다보면 유형자산과 관련한 지출을 자산으로 계상할 것인가 또는 당기 비용으로 계상할 것인가는 중요한 문제이다. 이는 그 지출을 어느 쪽으로 처리하느냐에 따라 자산평가와 이익측정에 서로 반대의 영향을 미치기 때문이다.

자본적 지출이란 미래에 장기간에 걸쳐 효익이 있을 것으로 기대되어 이를 자산으로 계상하여 유형자산을 증가시키는 방향으로 회계처리하는 방법이다.

수익적지출이란 당기에 효익이 있을 것으로 생각되는 지출로서 지출을 비용으로 계상하여 당기비용을 증가시키는 방향으로 처리하려는 것이다. 동일한 지출을 어느 쪽으로 계상하는가에 따라 자산과 이익의 크기가 달라진다. 자

본적 지출로 처리하면 자산의 증가가 나타나고, 반대로 수익적 지출로 처리하면 비용의 증가가 나타나 순이익이 감소한다. 따라서 자본적 지출의 경우 수익적 지출로 처리한 경우보다 이익을 높게 계상하고 반대로 수익적 지출의 경우 자본적 지출로 처리한 경우보다 이익을 낮게 계상하는 것이 된다.

자본적 지출로 판단되는 회계처리의 경우에는 당해 자산의 취득원가에 지출된 금액을 가산하여 자산의 원가를 증가시킨 후 감가상각을 통하여 비용으로 인식한다. 반면, 수익적지출의 경우에는 수선비 등의 당기비용으로 즉시 손익계산서에 반영하는 회계처리를 한다.

구 분	자본적 지출	수익적 지출
내 용	• 자산을 증가시키는 지출	• 경상적으로 발생하는 비용처리
분류기준	• 용량의 증대(개량, 대체) • 가치의 향상 • 내용연수의 연장	• 수선, 유지를 위한 경상적 지출 • 일정금액 이하의 소액지출 • 부분품, 소모품의 대체
분류오류의 결과	• 혼수자본	• 비밀적립금

자본적 지출과 수익적 지출은 지출효과가 미래효익의 증가를 가져오는 것인가 아니면 당기효익의 증가만을 가져오는 것인가에 있으며 구체적인 구별기준은 위와 같다.

예제14

① 사용하고 있는 건물의 엘리베이터와 냉난방시설을 위한 공사비 ₩1,000,000을 수표 발행하여 지급하다(자본적 지출로 회계처리).
② 공장건물의 외벽에 도장공사비와 파손된 유리를 대체하기 위하여 ₩200,000을 현금으로 지급하다(수익적 지출로 회계처리).
③ 기계장치에 대한 부품을 교체하였는데, 새 부품의 교체로 기계장치의 능률이

크게 증가되었다. 부품대금 ₩500,000을 수표를 발행하여 지급하다(자본적 지출로 회계처리).

① (차) 건 물	1,000,000	(대) 당좌예금	1,000,000
② (차) 수선유지비	200,000	(대) 현 금	200,000
③ (차) 기계장치	500,000	(대) 당좌예금	500,000

(4) 유형자산의 감가상각

토지를 제외한 대부분의 유형자산은 기업이 이를 사용하거나 시간이 경과함에 따라 또는 그 수요의 변동이나 기술적 진보 등 여러 가지 원인으로 인하여 물리적으로나 경제적으로 그 가치가 점차 감소되어 가는데 이러한 현상을 측정하여 기업의 재무상태나 경영성과에 반영시키는 회계절차를 감가상각이라고 한다.

즉 감가상각이란 유형자산의 취득원가 또는 기타 기초가치에서 잔존가액을 차감한 잔액을 그 자산의 경제적 효익이 발생하는 기간(추정내용연수) 동안 체계적이고 합리적으로 배분하는 과정으로 정의된다.

비영리조직의 감가상각과 관련하여 이견이 많은 이유 중 하나는 감가상각의 가장 기본적인 기능에 대해 오해가 있기 때문인 것으로 볼 수 있다. 감가상각의 가장 기본적인 기능은 원가의 배분으로서 영업활동에 사용하는 자산의 원가를 자산의 사용기간에 체계적으로 배부하는 것이지 수익과 비용의 대응이 아니다. 물론 원가를 배부한 결과 수익과 비용의 대응이 부수적으로 달성되는 경우가 있을 수 있으나 감가상각방법의 다양성을 고려할 때 엄밀한 의미의 대응이 달성될 수 있다고 보기는 어렵다. 따라서 감가상각은 사용에 따른 자산의 원가감소를 체계적으로 인식하는 것으로 보는 것이 타당하다. 이렇게 볼 때 비영리조직이 수익과 비용을 대응할 필요가 없으므로 감가상각을 인식할 필요가 없다는 주장은 설득력이 없어진다[6].

비영리조직도 영리조직과 유사하게 재화와 서비스를 제공한다. 서비스의 제공에는 원가가 발생하는데 감가상각비는 비영리조직이 서비스를 제공하는 원가의 일부이다. 감가상각을 하지 않는 경우 비영리조직에 대한 자원 제공자와 기타 이해관계자들은 비영리조직이 제공하는 재화나 서비스의 원가가 실제보다 낮은 것으로 오해할 가능성이 있다. 사용에 의한 유·무형자산의 가치감소는 순자산의 감소를 가져오는데 만일 비영리조직의 순자산이 보전되지 않는다면 미래에 서비스를 제공할 능력이 감소한다.

즉 비영리조직의 관리자는 서비스를 제공하는 데 자원을 효율적으로 사용할 의무가 있는데 비영리조직이 감가상각을 하지 않는다면, 제공된 서비스의 원가가 실제보다 낮게 나타나 관리자의 자원사용 효율성에 대한 평가를 왜곡시킬 수 있다. 또한 비영리조직이 사업활동을 통해 조달한 이익으로부터 유·무형자산을 대체해야하는 경우가 있다. 이와 같은 경우 비영리조직이 감가상각을 하지 않으면 사업활동에서 발생하는 이익이 과대하게 표시되어 유·무형자산을 대체하는 데 필요한 사업이익이 자금을 조달하는 데 충분하다는 잘못된 정보를 줄 수 있다. 또한 유·무형자산을 취득시점에서 전액 비용으로 처리하는 것은 비영리조직의 성과 변동폭이 실제보다 과도한 것으로 보여질 수 있다. 한편, 비영리조직이 제공한 서비스의 원가를 근거로 보상을 받는 경우가 있다. 이러한 경우에 감가상각비를 반영하지 않는다면 보상금액이 적절히 책정되지 못하게 된다.

비영리조직의 재무제표작성과 표시지침서(한국회계연구원, 2003)에 의하면 "비영리조직은 유형자산 및 무형자산의 사용에 따른 비용을 인식하고 다음의 사항을 주석으로 기재한다."라고 되어 있다.

㈎ 당 회계연도의 감가상각비

6) 비영리조직의 재무제표작성과 표시지침서, 한국회계연구원, 2003.

㈏ 대차대조표일 현재 감가상각대상 자산의 주요 유형별 성격과 금액
㈐ 대차대조표일 현재 감가상각누계액의 주요 유형별 금액과 총액
㈑ 감가상각방법

1) 감가상각비의 계산요소

감가상각비를 계산하기 위해서는 다음의 3가지 요소와 감가상각비 계산방법이 필요하다.

㉠ 취득원가 : 유형자산의 최초 구입시의 장부가액
㉡ 잔존가액 : 자산이 폐기처분되거나 제각될 경우에 받게 될 추정액
㉢ 내용연수 : 자산을 취득하여 폐기할 때까지의 추정사용연수로서 시간, 산출량, 조업도 등으로 추정될 수 있다.

2) 감가상각비 계산 방법

㉠ 정액법 : 매기 일정한 금액을 상각하는 것으로 감가상각기초가액을 내용연수 동안 균등하게 할당하여 상각하는 방법

연감가상각비 = 취득원가 - 잔존가액/내용연수

㉡ 정률법 : 유형고정자산의 장부가액(미상각잔액)에 일정한 상각률(정률)을 곱하여 각 연도의 감가상각비를 계산하는 방법

연감가상각비 = 장부가액 × 정률 * 정률=1-

㉢ 생산량비례법 : 감가상각비를 감가상각기초가액에 대해 추정총생산량

에 대한 실제 생산량의 비율을 곱하여 계산하는 방법

연감가상각비 = (취득원가-잔존가액) × 실제생산량/추정총생산량

㉣ 연수합계법 : 산술급수의 계산에 의해 분수로 상각률을 계산하여 감가상각비를 산출하는 방법

연감가상각비 = (취득원가-잔존가액) × 잔존내용연수/내용연수합계

2) 상각완료자산

상각이 완료된 유형자산을 계속 사용하는 경우가 있다. 이와 같이 상각이 완료된 자산을 영업활동에 계속 사용하는 경우에는 ₩1,000의 비망가액을 장부에 표시함으로써 상각완료된 후에도 계속 사용중인 것을 표시한다.

3) 운휴자산의 상각

운휴자산이란 가동을 중단하고 있는 상태의 기계장치나 차량운반구 등을 말하며 이에 대한 회계처리는 가동이 중단된 기간에 따라 판단하여 처리한다. 그 기간이 1개월 이내의 단기적인 것일 경우에는 일반적인 감가상각비와 똑같이 회계처리하고 그 기간이 비교적 장기일 경우에는 운휴자산감가상각비의 계정으로 처리하여야 한다.

㉠ 단기 : 감가상각비(제조원가 또는 판매비와관리비)
㉡ 장기 : 운휴자산감가상각비(영업외비용)

또한 가중구입자산의 감가상각비를 계산할 때는 다음의 기준을 사용하여

계산한다.

㉠ 월할기준
㉡ 반년기준
㉢ 일년기준

4) 감가상각의 회계처리

① 직접법 : 해당 고정자산에서 직접 차감하는 방법

② 간접법 : 감가상각누계액계정을 사용하여 해당고정자산에서 차감하는 형식으로 기재하는 방법으로 기업회계기준은 간접법을 인정하고 있다.

- 직접법 : (차) 감가상각비 (대) 건물(해당 고정자산)
- 간접법 : (차) 감가상각비 (대) 감가상각누계액

예제15

(주)천안의 기계장치에 대해 정액법, 정률법, 이중체감법(정액법의 배법), 연수합계법, 비례법(작업시간비례법, 생산량비례법)으로 1차년도 감가상각비를 구하고 기업회계기준에 따라 회계처리하시오.

(주)천안은 2005년도 초에 기계장치를 ₩2,000,000에 취득하였다. 이 기계장치의 내용연수는 3년, 잔존가치는 ₩200,000으로 추정되며, 총생산단위는 250,000개, 총 작업시간은 50,000시간으로 추정된다.
(주)천안은 2005년에 기계장치를 15,000시간 사용하여 80,000개의 제품을 생산하였으며, 2006년에는 20,000시간 사용하여 100,000개의 제품을 생산하였고, 2007년에는 15,000시간 사용하여 70,000개의 제품을 생산하였다.

① 정액법

매기 감가상각액＝(취득원가－잔존가치)/내용연수

연도	계산근거	감가상각비	감가상각누계액	장부가액
취득시				2,000,000
2005년도	(2,000,000-200,000)×1/3	600,000	600,000	1,400,000
2006년도	(2,000,000-200,000)×1/3	600,000	1,200,000	800,000
2007년도	(2,000,000-200,000)×1/3	600,000	1,800,000	200,000
		1,800,000		

(차) 감가상각비 600,000 (대) 감가상각누계액 600,000

② 정률법

매기 감가상각액＝장부가액(취득원가－감가상각누계액)×상각률

• 상각률 : 내용연수 3년 상각률은 0.536

연도	계산근거	감가상각비	감가상각누계액	장부가액
취득시				2,000,000
2005년도	2,000,000×0.536	1,072,000	1,072,000	928,000
2006년도	928,000×0.536	497,408	1,569,408	430,592
2007년도	430,592×0.536	230,592	1,800,000	200,000

(차) 감가상각비 1,072,000 (대) 감가상각누계액 1,072,000

③ 이중체감법(정액법의 배법)

매기 감가상각액＝장부가액×상각률

• 상각률＝(1/내용연수)×2

연도	계산근거	감가상각비	감가상각누계액	장부가액
취득시		1,334,000	1,334,000	2,000,000
2005년도	2,000,000×0.667*	444,222	1,778,222	666,000
2006년도	666,000×0.667	21,778	1,800,000	221,778
2007년도	221,778－200,000	1,800,000		200,000

• (1/3)×2＝0.667

(차) 감가상각비 1,334,000 (대) 감가상각누계액 1,334,000

④ 연수합계법

매기 감가상각액＝(취득원가－잔존가액)×연수의 역순으로/내용연수의 합계

연도	계산근거	감가상각비	감가상각누계액	장부가액
취득시				2,000,000
2005년도	(2,000,000-200,000)×3/6	900,000	900,000	1,100,000
2006년도	(2,000,000-200,000)×2/6	600,000	1,500,000	500,000
2007년도	(2,000,000-200,000)×1/6	300,000	1,800,000	200,000
		1,800,000		

(차) 감가상각비 900,000	(대) 감가상각누계액 900,000

⑤ 작업시간비례법

매기 감가상각액＝(취득원가－잔존가치)×당기사용시간/총사용가능시간

연도	계산근거	감가상각비	감가상각누계액	장부가액
취득시				2,000,000
2005년도	1,800,000×15,000시간/50,000시간	540,000	540,000	1,460,000
2006년도	1,800,000×20,000시간/50,000시간	720,000	1,260,000	740,000
2007년도	1,800,000×15,000시간/50,000시간	540,000	1,800,000	200,000
		1,800,000		

(차) 감가상각비 540,000	(대) 감가상각누계액 540,000

⑥ 생산량비례법

매기 감가상각액＝(취득원가－잔존가치)×당기생산량/총생산가능량

연도	계산근거	감가상각비	감가상각누계액	장부가액
취득시				2,000,000
2005년도	1,800,000×80,000단위/250,000단위	576,000	576,000	1,424,000
2006년도	1,800,000×100,000단위/250,000단위	720,000	1,296,000	704,000
2007년도	1,800,000×70,000단위/250,000단위	504,000	1,800,000	200,000
		1,800,000		

(차) 감가상각비 576,000	(대) 감가상각누계액 576,000

5) 유형자산의 처분

유형자산은 판매목적이 아닌 장기간 영업활동에 사용하기 위하여 취득한 자산이다. 그러나 일정기간이 경과하여 기업의 수익창출에 더 이상 사용할 수 없게 되거나 또는 특별한 사유가 발생하여 자산을 처분하는 경우가 있다. 유형자산을 처분하는 경우에는 자산의 취득원가에서 감가상각누계액을 차감한 장부가액과 처분가액과의 차이를 유형자산처분이익 또는 유형자산처분손실로 계상한다.

① 유형자산처분이익 : 영업외수익
처분가액>유형자산의 장부가액
② 유형자산처분손실 : 영업외비용
처분가액<유형자산의 장부가액

예제16

취득원가 ₩10,000,000의 건물(감가상각누계액 ₩8,000,000)을 현금 ₩1,500,000에 처분하다.

(차)		(대)	
현 금	1,500,000	건 물	10,000,000
감가상각누계액	8,000,000		
유형자산의 처분손실	500,000		

(5) 자연자원의 취득과 상각

자연자원이란 광산, 삼림, 유전 등과 같이 발굴, 벌채로 고갈되는 감모성 자산을 말한다. 자연자원은 유형자산에 속하며 다음의 특징이 있다.

① 천연자원은 개발이 완료되면 완전히 고갈된다.

② 장부가액=취득원가+탐사비+개발비

③ 탐사비의 회계처리방법으로 성공원가법과 전부원가법이 있다.

④ 자연자원의 상각은 감모상각이라고 하며 보통 생산량비례법을 사용하고 잔존가액은 없는 것으로 가정한다.

⑤ 감모상각비의 회계처리는 다른 유형자산의 감가상각비와 달리 직접법에 의한다.

성공원가법	전부원가법
성공적 프로젝트에 직접 관련된 비용만을 자본화하고, 성공하지 못한 프로젝트에 관련된 비용은 당기비용으로 처리하는 방법이다. 이는 탐사기간 중의 이익을 적게 하는 점에서 보수적인 방법이다.	성공한 프로젝트이든 아니든 모든 탐사비를 자본화하는 방법이다. 성공원가법보다 탐사기간 중의 이익을 많이 표시하는 방법이다.

예제17

(주)천안은 광산을 ₩300,000,000에 구입하였다. 매장량이 1,000,000톤으로 추정되며 금년도의 채굴량이 100,000톤이다. 생산량비례법에 의한 감모상각비의 회계처리를 하라.

(차) 감모상각비	30,000,000	(대) 자연자원-광산	30,000,000

3. 무형자산

물적실체는 없으나 법률적 또는 경제적 권리가 있고 미래의 경제적 효익을 가져올 것으로 기대되는 자산을 무형자산이라고 한다.

사회복지법인의 회계 · 규칙에 의하면 무형고정자산으로 지상권, 전세권,

특허권 등을 열거하고 있으나 기업회계기준에 의한 대표적인 무형자산으로는 영업권과 산업재산권, 광업권, 어업권, 차지권, 창업비, 개발비 등이 있으며 그 특징을 살펴보면 다음과 같다.

㉠ 물적실체가 없다.
㉡ 법률적 권리 또는 경제적 권리
㉢ 미래효익의 불확실
㉣ 초과이익을 얻을 수 있는 독점적 권리(양도가능)

무형자산의 취득원가는 당해자산의 제작원가 또는 매입가격+부대비용으로 하며 무형자산의 상각방법으로는 정액법 또는 생산량비례법 중 합리적인 방법에 의한다.

(1) 영업권

기업이 다른 기업을 취득 · 합병하는데 있어 취득한 순자산의 공정시장가치를 초과하여 지급한 금액(매입영업권)으로 기업회계기준에서는 매수영업권만을 인정한다. 이와 같은 영업권의 의미는 동종의 다른 기업보다 초과수익력을 갖고 있는 경우 이를 자본화한 금액이라고 할 수 있다.

① 영업권 측정
㉠ 총괄평가법 : 매입원가가 취득한 기업의 순자산을 초과하는 경우 합병 또는 영업양수의 경우
㉡ 초과순이익할인법 : 초과순이익을 적당한 할인율로 자본화하여 평가하는 방법이다. 합병 또는 영업양수전 기업평가의 방법으로 사용될 수 있다.

ⓐ 초과이익이 무한이 계속되리라고 가정하는 경우

영업권 = 초과이익/할인율

- 초과이익 = 평균순이익 − 정산순이익

ⓑ 초과이익이 일정기간만 존재한다고 가정하는 경우

영업권=초과이익×현가계수

- 현가계수 = 존재기간과 할인율에 의한 연금현가

② 영업권상각: 무형자산은 그 상각액을 당해자산에서 직접 차감한 잔액으로 기재한다.

- 회계처리 : (차) 무형자산상각비 (대) 영업권

(2) 기타

① 산업재산권 : 일정기간 동안 독점적, 배타적으로 사용가능한 권리로서 특허권, 실용신안권, 의장권 및 상표권 등으로 한다.

② 광업권 : 일정한 광구에서 등록을 한 광물과 동 광상 중에 부존하는 다른 광물을 취득할 수 있는 권리

③ 어업권 : 일정한 수면에서 독점적 배타적으로 어업을 경영할 수 있는 권리

④ 차지권 : 임차료 또는 지대를 지급하고 타인이 소유하고 있는 토지를 사용 수익할 수 있는 권리

⑤ 창업비 : 회사설립을 위한 설립비용과 개업준비기간 중에 발생한 비용

⑥ 개발비 : 신제품, 신기술의 개발과 관련하여 발생한 비용(소프트웨어개발과 관련된 비용 포함)으로 개별적으로 식별가능하고 미래 경제적 효익을 확실하게 기대할 수 있는 것

예제18

2005년 9월 1일 (주)천안은 신제품을 개발한 (주)두정으로부터 특허권을 ₩1,150,000에 현금으로 매입하였으며, 등록비용 ₩50,000을 현금으로 지급하였다. 특허권의 내용연수는 10년으로 예상된다. 2005년 12월 31일에 특허권상각액을 계상하다.

9/1	(차) 산업재산권 (특허권)	1,200,000	(대) 현 금	1,200,000
12/31	(차) 무형자산상각비	40,000*	(대) 산업재산권 (특허권)	40,000

* ₩1,200,000/10×4/12=40,000

제3절 사회복지법인의 부채

부채란 과거의 거래나 사건의 결과로서 미래에 특정 실체가 다른 실체에게 자산을 이전하거나 용역을 제공해야 하는 현재의 의무로부터 발생하는 미래의 경제적 효익의 희생이다.

부채는 지급기일이 대차대조표일로부터 1년 이내에 도래하는 유동부채와 1년 이상인 고정부채로 분류해 볼 수 있다.

사회복지법인의 회계·규칙에서는 부채를 유동부채와 고정부채로 나누고 유동부채를 지불어음, 일시차입금, 가수금 고정부채를 장기차입금으로 금융기관차입금과 개인차입금으로 나누고 있다.

기업회계기준에 의하면 부채를 1년 기준으로 유동부채와 고정부채로 나누고 유동부채를 매입채무, 단기차입금, 미지급금, 선수금, 예수금, 미지급비용,

미지급법인세, 미지급배당금, 유동성장기부채, 선수수익, 단기부채성충당금, 기타의 유동부채로 고정부채를 사채, 장기차입금, 장기성매입채무, 장기부채성충당금, 이연법인세대, 기타의 고정부채로 나누고 있다.

1. 유동부채

(1) 단기차입금

차입금은 상환기한의 장단에 따라 단기차입금과 장기차입금으로 분류할 수 있다. 단기차입금은 금융기관으로부터의 당좌차월과 1년 내에 상환될 차입금이다.

예제1

천안법인은 A사로부터 현금 ₩1,000,000을 차입하고 차용증서를 작성해주다 (상환기간은 6개월, 이율은 연6%)

차입시 :

(차) 현 금	1,000,000	(대) 단기차입금	1,000,000

상환시 :

(차) 단기차입금	1,000,000	(대) 현 금	1,030,000
이자비용	30,000*		

* 1,000,000 × 6% × 6/12 = 30,000

(2) 미지급금과 미지급비용

미지급금이란 외부에서 구입한 재화와 용역에 대한 채무 중 일상적인 상거래 이외에서 발생한 것으로 이행시기가 도래하였음에도 불구하고 아직 지급하지 않은 채무를 말한다. 미지급금의 예로는 미지급유형자산 구입대금, 미지급 소모품 구입대금 등이 있고 미지급비용에 대한 예로는 미지급이자비용, 미지급집세 등이 있다.

또한, 미지급비용은 기말 현재 채무의 이행시기가 도래하지 않아서 상환의무가 없으나 회계상 시간의 경과에 따라 혹은 서비스를 제공받은 사실에 따라 나타나는 채무이기도 하다. 즉 미지급비용은 발생주의 회계를 적용함으로써 나타나는 계정이다. 예를 들면 미지급이자, 미지급임차료, 미지급급료 등이다.

예제2

7월 5일 프린터 1대를 ₩300,000에 구입하고 대금은 월말에 지급하기로 하다.
7월 31일 위의 프린터 구입대금을 지급하다.

7/5	(차) 비 품	300,000	(대) 미지급금	300,000
7/31	(차) 미지급금	300,000	(대) 현 금	300,000

10월 1일 현금 ₩3,000,000을 은행에서 6개월간 이률 연 6%로 차입하다. 이자지급조건은 6개월후 원금과 함께 상환하기로 하였다.

10/1	(차) 현 금	3,000,000	(대) 차 입 금	3,000,000

12월 31일 위의 차입금에 대한 3개월분의 발생된 이자를 인식하다.

12/31	(차) 이자비용	45,000	(대) 미지급비용	45,000

(3) 선수금, 선수수익 및 예수금

선수금은 선급금의 반대계정으로 재화의 인도나 서비스제공이 이뤄지기 전에 대금을 미리 받은 경우에 발생하는 계정이다.

선수수익은 회계기간 중에 현금으로 받았으나 실현주의의 입장에서 볼 때 차기 이후에 실현될 금액에 해당되는 유동부채로서 선수이자, 선수임대료 등이 그 예이다.

예수금은 법인이 제3자에게 지급하여야 할 금액을 거래처나 종업원으로부터 미리 받아 일시적으로 보관하는 경우에 사용하는 계정이다.

예제3

수익사업을 운영하고 있는 두정 사회복지법인의 거래 내용을 회계처리하시오.
제조기업인 천안(주)의 제품 제조를 위해 용역을 제공하기로 계약을 체결하고 대금 ₩2,000,000을 현금으로 미리 받다.

차변	금액	대변	금액
(차) 현 금	2,000,000	(대) 선수금	2,000,000

10일 후 천안(주)의 제품제조를 위해 용역을 제공해 주다.

차변	금액	대변	금액
(차) 선수금	2,000,000	(대) 용역매출	2,000,000

법인 직원들에 대한 총급여액 ₩5,000,000중 다음을 공제한 나머지 ₩4,750,000을 현금으로 지급하다. (소득세 ₩140,000 보험료 ₩70,000 조합비 ₩40,000)

차변	금액	대변	금액
(차) 급 여	5,000,000	(대) 현 금	4,750,000
		소득세예수금	140,000
		보험료예수금	70,000
		조합비예수금	40,000

(4) 가수금

현금을 실제로 받았으나 그 계정과목이나 금액이 확정되지 않았을 때에는 가수금계정을 대변에 기입하였다가 그 뒤 계정과목과 금액이 확정된 뒤 각 계정에 대체한다. 기업회계기준에서는 가수금(부채)이나 가지급금(자산)과 같은 미결산계정은 결산일까지 그 성질을 나타내는 적절한 과목으로 대체해야 한다고 규정하고 있기 때문에 최종 재무제표에는 가수금이나 가지급금계정을 사용할 수 없다.

예제4

① 두정법인은 종업원 김원영에게 출장비 개산액 ₩500,000을 현금으로 지급하다.

(차) 가지급금	500,000	(대) 현 금	500,000

② 출장중인 김원영으로부터 내용 불명의 현금 ₩2,000,000이 송금되어오다.

(차) 현 금	2,000,000	(대) 가 수 금	2,000,000

③ 김원영이 돌아와 출장비 중 ₩100,000을 현금으로 반환하다. 그리고 송금된 것은 미수금에 대한 대금을 받은 것임을 밝히다.

(차) 현 금	100,000	(대) 가지급금	500,000
여비교통비	400,000	미 수 금	2,000,000
가 수 금	2,000,000		

2. 고정부채

고정부채란 장기부채라고도 하는 것으로 결산일로부터 1년 이후에 상환기간이 도래하는 장기채무를 말한다. 고정부채는 상환의무가 1년을 초과하는 장기부채이므로 법인의 입장에서는 단기자금을 확보해야 할 필요는 없지만 원금상환시에는 고정부채의 특성상 거액의 자금이 일시에 지출되는 경우가 많기 때문에 때로는 별도의 자금관리가 필요하다.

(1) 장기미지급금

장기미지급금은 토지, 건물 등을 매입하는 경우에 발생된 채무로 대차대조표(재무상태보고서)일로부터 1년 이후에 지급기일이 도래하는 부채를 말한다.

예제5

두정법인은 건물신축을 위하여 토지 ₩20,000,000을 구입하고 대금 중 반은 현금지급하고 잔액은 2년 후에 지급하기로 하다.

(차) 토 지	20,000,000	(대) 현 금	10,000,000
		미지급금	10,000,000

(2) 장기차입금

장기차입금은 금융기관 등으로부터 자금을 차입한 것 중에서 재무상태보고서(대차대조표)일로부터 1년 이후에 상환하게 되어 있는 차입금을 말한다. 만약 장기차입금 중 그 상환기일이 1년 이내로 도래한 것은 유동성장기부채로 재분류하여 이를 유동부채의 일부로 보고해야 한다.

예제6

두정법인은 국민은행으로부터 2년 만기의 자금 ₩20,000,000을 차입하여 은행에 당좌예금하다.

(차) 당좌예금	20,000,000	(대) 장기차입금	20,000,000

(3) 부채성충당금(퇴직급여충당금)

부채성충당금이란 당기의 수익에 대응하는 비용으로 장래에 지출될 것이 확실한 것과 당기의 수익에서 차감되는 것이 합리적인 것에 대하여 그 금액을 추산하여 계상된 부채를 말한다. 기업회계기준에서 규정하고 있는 부채성충당금의 종류로는 수선충당금, 판매보증충당금, 하자보수충당금, 퇴직급여충당금이 있다. 법인에서 일반적으로 사용하는 충당금에는 퇴직급여충당금이 있다.

부채성충당금은 그 사용시기에 따라서 유동부채와 고정부채로 구분하며 이를 연차적으로 분할하여 사용하거나 그 전부 또는 일부의 사용 시기를 합리적으로 예측할 수 없는 경우에는 이를 전부 고정부채에 속하는 것으로 한다.

법인은 근로기준법이나 법인내규에 따라 종업원이 퇴직할 때 퇴직금을 지급하여야 한다. 이러한 퇴직금은 종업원이 이미 제공한 노동의 대가에 해당하므로 종업원이 노동력을 제공한 기간에 비용으로 인식하여야 하며 퇴직금 지급시에 비용으로 인식해서는 안된다. 따라서 법인은 당해 종업원의 근무기간 동안에 급여의 일부로서 퇴직금예상액을 당기 비용으로 인식하고 동액을 퇴직급여충당금이라는 부채로 인식하여야 한다. 그리고 실제 퇴직금 지급시에 퇴직급여충당금과 상계시켜야 한다.

예제7

① 2005년 초에 법인이 설립되었는데 2005년말에 현재 전 종업원이 일시에 퇴직할 경우 지급할 퇴직금은 ₩5,000,000으로 예상된다.

(차) 퇴직급여	5,000,000	(대) 퇴직급여충당금	5,000,000

② 2006년에 종업원이 퇴직함에 따라 퇴직금 ₩1,000,000을 지급하다.

(차) 퇴직급여충당금	1,000,000	(대) 현 금	1,000,000

③ 2006년말 현재 전 종업원이 일시에 퇴직할 경우 지급할 퇴직금 총추계액은 ₩6,000,000으로 예상된다.

(차) 퇴직급여	2,000,000	(대) 퇴직급여충당금	2,000,000

제4절 사회복지법인의 순자산

1. 의의

순자산이란 회계상 정의에 따르면 자산총액에서 부채총액을 차감한 후에 남은 잔여액(잔여지분)이다. 이 잔여액은 자산총액 중에서 소유주들에게 귀속되는 자산으로 자본이라고도 한다. 그러나 비영리법인에서는 영리기관들과는 달리 소유주들에게 귀속되는 것이 아니므로 법인을 운영하기 위한 기본적인 재산의 의미가 된다.

사회복지법인 회계기준에서 규정하는 재무상태보고서(대차대조표)의 순자산[7]은 기본금, 특별적립금, 기타적립금 및 차기이월활동수지차액 등으로 구

7) 비영리법인의 재무제표작성지침, 한국회계연구원(2003)에 의하면 "순자산을 제약의 유무에 따라 분류하여야 하므로 이들 상이한 분류별 순자산과 관련된 수익, 평가손익 및 처분손익을 어떻게 처리하여야 하는지의 문제가 있다. 이 경우에는 기부자의 의도에 따라 수익, 평가손익 및 처분손익을 처리한다. 즉, 유가증권과 관련된 수익, 평가손익 및 처분손익에 대한 처리방법이 기부자에 의해 명시적으로 지정된 경우에는 당해 수익, 평가손익 및 처분손익은 제약이 있는 순자산 변동으로 분류하여 표시한다. 그러나 기부자가 유가증권과 관련된 수익, 평가손익 및 처분손익에 대해 명시적인 처리방법을 제시하지 않은 경우 당해 수익, 평가손익 및 처분손익은 제약이 없는 순자산의 증가 또는 감소로 처리한다. 이와 같은 처리방법은 간단하며 적용이 용이하다. 그러나 반면에 제약이 있는 순자산에서 발생하는 평가손실 및 처분손실이 제약이 없는 순자산을 감소시키므로 경우에 따라서는 제약이 없는 순자산이 제약이 있는 순자산에서 발생하는 평가손실 및 처분손실에 의해 크게 영향을 받을 수 있는 가능성이 있다. 그러나 비영리조직의 관리자들이 제약이 있는 순자산에 대한 관리의무를 적절히 수행하기 위해서는 이들의 투자시에 가격이 하락할 가능성을 고려하여 원금이 보전될 수 있는 신중한 투자(예: 국채나 정기예금 등에 대한 투자)를 하리라는 것을 고려할 때 큰 문제가 되지 않을 것으로 판단된다."
"기부자가 제시한 제약의 해제는 제약이 해제되는 시점에 인식한다. 기부자가 지정한 시간이 경과되거나 기부자가 지정한 사용목적이 충족되는 경우, 또는 이 두 가지가 모두 충족되는 경우에는 제약이 해제된다. 기부자가 가한 제약의 해제에 의하여 순자산의 증가와 감소가 동시에 발생하는 경우, 이러한 재분류에 대하여는 운영성과표에 각각 구분하여 표시한다."라고 규정되어 있다.

분할 수 있다.

(1) 수익사업에 있어서 자본의 원입 및 반환

순자산은 사회복지법인이 사업활동을 계속하기 위해 유지되는 것으로 대차대조표상의 다음의 금액으로 계산된다.

첫째, 사회복지법인의 설립과 병행해서 시설의 창설 및 증설 등에 필요한 기본자산 등의 취득을 지정한 기부금

둘째, 상기의 자산을 취득하기 위해 관계된 차입금 상환을 위해 지정한 기부금

셋째, 시설의 창설 및 증설 등을 위해 필요한 운전자금으로 받은 기부금

넷째, 정관의 규정에 의해 당기 말 사업활동 수지차액의 일부 또는 전부에 상응하는 금액의 운용재산을 기본재산에 산입한 경우에는 그 산입금액

상기 첫째에서 셋째까지는 기부금을 사업활동수지계산서의 특별수입으로 계산한 후 순 재산에 삽입하기 위해서는 그 수입에 상응하는 금액을 기본금에 산입하여 특별지출로 계상한다.

순재산인 기본금의 잠식에 대해서는 사회복지법인이 사회복지사업의 일부 또는 전부를 폐지하거나 전항의 기본금 산입의 대상이 된 기본재산 또는 기타의 고정자산에 대한 폐기 및 매각의 경우 해당 사업에 관해 산입된 기본금의 일부 또는 전부의 금액을 삭감한 것으로 한다.

사회복지법인의 순자산(자본계정)은 비영리회계(고유목적사업회계)와 영리회계(수익사업회계)로 구분 경리하는 경우와 구분경리하지 아니하는 경우로 나눌 수 있는데 일반적으로 구분 경리하는데 당해 사회복지법인의 자본계정은 고유목적사업회계의 자본계정과 수익사업회계의 자본계정을 합산한 가액이 당해 사회복지법인의 자본계정이 된다.

사회복지법인의 수익사업에 있어 자기자본은 영리법인과 같이 출자자 등이 출자하여 자본이 이루어지는 것이 아니라 사회복지사업의 자산을 수익사업에

지출 또는 전입할 때에 자본이 출자 또는 투하된 것으로 보기 때문에 수익사업의 자산을 사회복지법인에 지출 또는 전출 할 때에는 자본 원입액의 반환으로 본다.

(2) 자본의 증가

수익사업에 있어 자본의 원입이란 수익사업의 자본이 증가하는 것으로 사회복지법인이 자산을 수익사업에 지출 또는 전입한 경우 그 자산 가액은 수익사업의 "자본의 원입"으로 경리하고 다음과 같이 분개한다.

- 복지법인회계 : (차) 고유목적사업준비금전입액 ××× (대) 자산 ×××
  (혹은 출자금)
- 수익사업회계 : (차) 자산 ××× (대) 자본 ×××

비영리법인(종교법인)이 국내외 유지로부터 종교법인의 목적사업을 위하여 헌금 받은 기부금을 이사회의 결의에 따라 성서진리의 대중적 보급을 목적으로 출판용 인쇄기를 구입하기로 하고 동 인쇄기를 수익사업에 사용할 경우에는 비영리법인이 비영리사업과 관련하여 기부 받은 기부금으로 자산을 취득하여 수익사업에 전입한 것이므로 그 자산가액은 수익사업의 "자본의 원입"으로 경리한다.

- 종교법인 : (차) 기부금 ××× (대) 현 금 ×××
- 수익사업(출판업) : (차) 기계(인쇄기) ××× (대) 자본금 ×××

(3) 자본의 감소

수익사업에 있어 자본원입액의 반환은 자본의 감소를 의미하며 이는 복지법인이 수익사업에 속하는 자산을 사회복지법인에 지출·전출한 경우에 발생한다.

- 수익사업에서 사회복지법인으로 자산이 지출되는 경우 :
  수익사업회계
  (차) 고유목적사업준비금전입액 ×××　　(대) 자산 ×××
  　　　　　　　　　　　　　　　　　　　　(또는 자본)
  사회복지법인회계
  (차) 자산 ×××　　(대) 고유목적사업준비금전입금수입 ×××
  　　　　　　　　　　(또는 전입금수입)

2. 순자산의 종류

사회복지법인 회계기준에서 규정하는 재무상태보고서(대차대조표)의 순자산은 기본금, 특별적립금, 기타적립금 및 차기이월활동수지차액 등으로 구분할 수 있다.

(1) 기본금

한국사회복지법인 재무·회계규칙의 추정대차대조표에는 자본을 자본금과 잉여금으로 구분하고 잉여금에는 적립금, 전기이월금, 당기이월금으로 구분하고 있다. 그러나 많은 사회복지재단에서는 자본 항목에 기본금이라는 계정을 사용하고 있는데 이를 설명하면 다음과 같다.

기본금은 사회복지법인이 사업활동을 계속, 유지하기 위해서 받은 자산으로 이것을 세분하면 사회복지법인의 설립 또는 시설의 개조 및 증설을 위해 필요한 기본재산(고정자산에 한함)등의 취득을 위해 지정한 기부금과 상기의 자산을 취득하기 위해 관계된 차입금의 상환에 충당될 것으로 지정된 기부금 그리고 시설의 개조 및 증설 등을 위해 필요한 운전자금으로서 받은 기부금 및 정관의 규정에 의한 당기 말 사업활동수지차액의 일부 또는 전부에 상응하는 금액의 운용자산을 기본자산에 산입하는 경우에 그 산입액을 말한다.

1) 기본금의 산입

사회복지법인의 설립 또는 시설의 개조 및 증설을 위해 필요한 기본재산 등의 취득을 위해 지정한 기부금과 상기의 자산을 취득하기 위해 관계된 차입금의 상환에 충당될 것으로 지정된 기부금 그리고 시설의 개조 및 증설 등을 위해 필요한 운전자금으로서 받은 기부금을 영업보고서(사업활동수지계산서 또는 손익계산서)의 특별수입에 계상한 후 그 수입에 상응하는 금액을 기본금의 산입금액으로서 특별지출로 계상한다.

예제1

후원회에서 사회복지법인 설립을 위해 토지 ₩1,000,000원을 보조받아 용곡복지법인을 설립하다.

(차) 토 지	1,000,000	(대) 기본금	1,000,000

2) 기본금의 삭감

사회복지법인이 사회복지사업의 일부 또는 전부를 폐지하고 동시에 사회복지법인이 사업활동을 계속, 유지하기 위해서 받은 기본재산 또는 기타의 고정자산이 폐기 또는 매각될 경우에는 해당사업을 위해 산입된 기본금의 일부 또는 전부의 금액은 삭감된다.

(2) 특별적립금[8)]

국고보조금 등 특별적립금으로는 시설의 개조 및 증설 등을 위한 기본재산 등(고정자산에 한함)의 취득을 위해 국가 또는 지방 공공단체 등에서 지출한 보조금, 조성금 등(이하 국고보조금 등이라 한다)을 계상한 것으로 특별적립금의 산입은 사회복지법인의 설립과 병행해서 시설의 창설 및 증설 등에 필요한 기본자산 등의 취득을 지정한 기부금이나 자산을 취득하기 위해 관계된 차입금 상환을 위해 지정한 기부금 및 시설의 창설 및 증설 등을 위해 필요한 운전자금으로 받은 기부금을 사업활동수지계산서의 특별수입에 계상한 후 그 수입에 상당하는 금액을 기본금의 산입액으로서 특별지출로 계상하는 기본금의 산입과 동일하게 처리하지만 특히 특별적립금의 삭감에 대해서는 다음과 같이 규정하고 있다.

국고보조금 등 특별적립금은 기본재산 또는 특정의 고정자산을 취득할 때 국가 또는 지방공공단체에서 갹출한 국고보조금 등을 근거로 적립된 것으로서 국고보조금 설립 목적은 사회복지법인이 자산취득에 따른 부담을 경감하고 이를 통해 사회복지법인이 경영할 시설 등의 이용자의 부담을 경감하는데 그 목적이 있다.

따라서 국고보조금 등 특별적립금은 매 회계연도에 있어 고정자산의 감가상각비 중 당해 국고보조금 등에 의해 취득된 부문에 상응하는 금액을 삭감하고 영업보고서(사업활동 수지계산서)의 사업활동 수입에 계상해야만 한다. 또 국고보조금 등의 대상이 되는 기본재산 또는 기타의 고정자산이 폐기 또는 매

8) 사회복지회계입문, 박이봉, 도서출판 대명, 2005. p.183.

각된 경우에는 당해 자산에 상응하는 국고보조금 등 특별적립금의 삭감액을 영업보고서(사업활동수지계산서)의 특별수입으로 계상해야 한다. 즉 특별적립금은 매 회계연도 국고보조금 등에 의해 취득한 자산의 감가상각 중에서 국고보조금 등에 상응하는 금액은 삭감하며 또 그 보조금 등 특별적립금의 적립으로 취득한 기본재산 등이 폐기 또는 매각된 경우에는 해당자산에 상응하는 국고보조금 등 특별 적립금을 삭감한다.

(3) 기타의 적립금

기타의 적립금으로는 장래의 특정 목적을 위해 지출 또는 손실을 준비하기 위해 이사회의 결의를 근거로 영업보고서(사업활동 수지계산서)의 당기 말 사업활동 수지차액으로 적립한 금액을 말하는데 적립금은 적립목적에 부응하는 명칭을 명시하여야 하며 그 적립의 목적을 위해 지출한 회계연도에서 삭감하고 만약 특정 목적을 위해 설정한 적립금이 그 적립목적 이외의 이유로 삭감한 경우에는 이유 및 금액을 영업보고서(사업활동 수지계산서)의 각주로 기재한다.

(4) 차기이월활동수지차액

사업활동에 의한 수지차액에 사업활동 외에 의한 수지차액을 가산하고 특별활동에 의한 수지차액을 가산하면 이월활동수지차액이 되는데 여기에 전기이월활동수지차액을 가감한 후 기본금 삭감액과 기타 적립금삭감액을 가산한 후 기본금 산입액과 기타 적립금 적립액을 차감하면 이것이 차기이월활동수지차액이 된다.

제5절 사회복지법인의 수익과 비용

1. 의의

손익계산서(income statement : I/S, profit and loss statement : P/L)란 일정기간 동안의 기업의 경영성과를 나타내는 동태적 재무제표로서 기업의 이익창출능력에 관한 정보와 경영자의 수탁책임 및 경영성과에 관한 정보를 제공한다.

회계학에서는 이익을 당기 실현수익에서 당기 발생비용을 차감하여 측정한다. 즉 거래접근법에 따라 일정기간 동안 거래를 식별하여 수익을 인식하고, 발생비용을 차감하여 측정하는 것이다.

수익이란 제품의 판매나 생산, 용역제공 및 경제실체의 주요한 또는 중심적 영업활동을 구성하는 활동으로부터 일정기간 동안 발생하는 자산의 유입이나 증가 또는 부채의 감소를 말한다.

비용이란 제품의 판매나 생산, 용역제공 등 기업의 중요한 영업활동으로부터 일정기간 동안 발생하는 이익의 감소요인을 말한다. 다시 말하면, 수익획득과정에서 소비된 재화나 용역의 원가를 의미하는 것이다. 비용의 발생은 자산의 감소나 부채의 증가를 수반하게 되어 결과적으로 자본, 즉 순자산의 감소를 가져온다. 예를 들면, 비용이 발생하면 이를 현금으로 지급하든지 외상으로 하게 되는데 현금으로 지급하면 자산이 감소하고 외상으로 하게 되면 부채가 증가하여 결국은 자본(자산 – 부채)이 감소하게 되는 것이다.

수익과 비용은 기업의 경영활동 전과정을 통하여 서서히 그리고 지속적으로 발생한다. 따라서 일정기간 단위로 분할하여 각 기간마다 경영성과를 보고하기 위해서는 수익과 비용이 귀속되는 회계기간을 결정하여야 하는데 이를 결정하기 위한 기준으로 현금주의와 발생주의가 있다.

현금주의란 현금을 수취한 시점에서 그 금액을 수익으로 인식하고 현금을 지출한 시점에서 그 금액을 비용으로 인식하는 방법이다. 현금주의에 의한 수익 · 비용의 인식은 현행회계에서 원칙적으로 인정되지 않는다. 현금주의에 의하여 수익과 비용을 인식하게 되면 획득한 수익과 수익을 창출하는데 발생한 비용이 적절히 대응되지 않아 정확한 기간손익계산이 이루어지지 않기 때문이다. 그러나 예산을 기본으로 한 비영리조직에서는 현금주의에 의한 단식회계가 지금까지 보편적으로 이용되어 왔다.

발생주의란 현금의 수취 및 지출 그 자체보다는 근원적으로 현금의 수입과 지출을 일어나게 하는 경제적 사건이 발생하였을 때 발생사실에 따라 수익과 비용을 인식하는 방법이다. 즉, 현금의 수입과 지출이 없어도 기업의 손익이나 그 밖의 재무상태나 영향을 끼치는 사건에 대하여 그것이 발생한 때에 수익과 비용을 기록하는 것을 말한다. 발생주의회계의 목적은 수익 · 비용 · 이득 · 손실 등을 그것이 발생한 회계기간과 관련시킴으로써 그 기간의 정확한 경영성과를 측정하고자 하는데 있다. 따라서 발생주의 회계에 의한 수익과 비용의 인식은 현행회계에서 기간손익의 계산에 적용되는 기본원리가 되고 있다.

2. 수익(수입)

기업회계기준에 의하면 수익을 손익계산서에 나타낼 때에는 수익의 발생원천별로 매출액, 영업외수익, 특별이익으로 각각 구분하여 표시해야 한다.

매출액은 그 기업의 가장 중요한 영업활동과 관련하여 재화나 용역을 제공하고 그 대가로 받은 수익을 말한다. 따라서 매출액은 그 기업의 주요 영업활동이 무엇이냐에 따라 달라지게 되는데 의류도매상의 경우에는 의류판매액이, 제조회사의 경우에는 제품판매액이, 건설회사의 경우에는 공사수익이 매출액으로 보고될 것이다.

영업외수익은 그 기업의 주요영업활동과는 관련이 없으나 영업활동의 결과 부수적으로 발생하는 수익을 말한다. 영업외수익으로는 이자수익, 수수료수익, 임대료 등이 있다.

특별이익이란 영업활동과는 직접적으로 관련이 없으며 기업의 일시적이거나 우연적인 거래로 발생하는 수익으로서 발생 빈도수도 극히 낮은 비경상적인 활동으로부터 발생한 것을 말한다. 특별이익으로는 보험차익 등이 있다. 보험차익은 보험에 가입되어 있는 자산에 보험사고가 발생하여 보험회사로부터 수령한 보험금이 보험사고로 소멸한 자산의 가액보다 큰 경우에 그 차액을 말한다.

사회복지법인도 법인의 운영을 위해 소비하면서 그 결과로 증가된 경제가치를 획득하게 되는데 이때 소비된 경제가치를 비용(현금주의에 의한 단식부기에서는 지출)이라 하고 그 비용으로 인해 유입된 가치를 수익(현금주의에 의한 단식부기에서는 수입)이라 하는데 수익으로는 (사업수익(사업활동수입), 사업외수익(사업활동외 수입), 특별수익(특별수입)으로 대별할 수 있다.

우리나라의 사회복지법인 재무 · 회계규칙에서는 수익(수입)을 법인회계의 수입과 시설회계의 수입으로 나누어 계정을 설정하고 있다.

법인회계의 경우 수입을 재산수입, 사업수입, 과년도수입, 보조금수입, 차입금, 전입금, 이월금, 잡수입 등으로 분류하고 있으며 구체적인 항목은 다음과 같다.

1) 재산수입

① 임대료수입 : 부동산임대수입

② 배당 및 이자수입 : 소유주식배당수입, 예금이자수입

③ 재산매각수입 : 부동산매각수입

④ 기타수입 : 불용재산매각등 기타의 재산수입

2) 사업수입

수익사업수입 : 법인의 수익사업으로 얻어지는 수입 예를 들면 영농 · 축산 · 임대사업 등이 있을 수 있다.

3) 과년도 수입

전년도에 세입조정된 수입으로서 금년도에 수입으로 확정된 것.

4) 보조금수입

보조금수입은 국고 및 지방자치단체의 각종 보조금과 후원금수입으로 크게 분류할 수 있고 보조금수입은 다시 다음과 같이 분류할 수 있다.

① 경상보조금수입 : 국고 및 지방자치단체의 경상보조금

② 자본보조금수입 : 국고 및 지방자치단체에의 자본보조금

③ 기타보조금수입 : 사회복지사업기금 등에서 받은 보조금

④ 후원금수입 : 국내 · 외 민간단체로부터 받은 기부금[9] · 보조금 등 후원금[10], 기타 개인 · 단체 등으로부터 받은 각종 기부금 · 결연후원금 · 위문금 · 찬조금 등의 후원금과 자선바자회 등으로부터 얻어지는 수입

9) 비영리조직의 재무제표작성과 표시지침서, 한국회계연구원(20030에 의하면 "비영리조직이 기부를 받은 경우 기부 받은 시점에 수익으로 인식하고, 제공받은 효익의 형태에 따라 자산의 증가, 부채의 감소, 혹은 비용으로 회계처리한다. 기부는 공정가액으로 측정하여 인식한다"

"비영리조직은 기부를 받은 경우 운영성과표에 영구적 제약이 있는 순자산의 증가, 일시적 제약이 있는 순자산의 증가, 제약이 없는 순자산의 증가로 구분하여 표시한다. 그러나, 기부금에 대한 제약이 기부를 받은 회계기간 내에 해제되는 경우, 당해 기부금은 제약이 없는 순자산의 증가로 분류하여 표시할 수 있다. 다만, 이러한 회계정책은 일관성 있게 유지하여야 하고 관련 내용을 주석으로 기재하여야 한다."라고 규정되어 있다.

10) 비영리조직의 재무제표작성과 표시지침서, 한국회계연구원(2003)에 의하면 "회비수입은 회비납부규정의 강제성 유무에 따라 회비납부가 강제적인 경우 발생주의에 의하여 수익을 인식하고, 비강제적인 경우 현금주의에 의하여 수익을 인식한다."라고 규정되어 있다.

5) 전입금

다른 회계로부터의 전입금 : 수익사업회계 및 시설회계로부터의 전입금

6) 이월금

① 전년도이월금 : 전년도불용액으로서 이월된 금액

② 이월 사업비 : 전년도에 종료되지 못한 이월사업비

7) 잡수입

① 불용매각대 : 비품・집기・기계・기구등과 기타 불용품의 매각대

② 기타예금수입 : 기본재산예금외의 예금이자수입

③ 기타잡수입 : 기타 재산매각수입, 변상금 및 위약금수입등과 다른 과목에 속하지 아니하는 수입

예제1

① 정부보조금 ₩10,000,000이 당좌예금통장에 예입되었다는 통지가 오다.
② 단체로부터 후원금 ₩300,000이 보통예금통장에 입금되다.
③ 보통예금 통장의 잔액에 대하여 이자 ₩100,000이 입금되다.
④ 사용하던 비품을 취득가액 ₩500,000, 감가상각누계액 ₩300,000을 현금 ₩400,000에 매각하다.
⑤ 노인시설 입소자로부터 ₩500,000의 입소자 부담액을 현금으로 받다.

① (차) 당좌예금	10,000,000	(대) 국고보조금	10,000,000
② (차) 보통예금	300,000	(대) 후원금 수입	300,000
③ (차) 보통예금	100,000	(대) 이자수익	100,000
④ (차) 감가상각누계액	300,000	(대) 비품	500,000
현금	400,000	유형자산처분이익	200,000
⑤ (차) 현금	500,000	(대) 입소자부담금(수익)	500,000

3. 비용

기업회계기준에 의하면 비용을 손익계산서에 나타낼 때에는 매출원가, 판매비와 관리비, 영업외비용, 특별손실, 법인세비용으로 각각 구분하여 표시하여야 한다.

매출원가란 당기에 매출을 얻기 위하여 직접적으로 소비된 원가를 말한다. 예를 들면, 의류판매업의 경우에는 판매된 의류상품의 취득원가, 제조회사의 경우에는 판매된 제품의 제조원가, 건설회사의 경우에는 공사원가가 매출원가로 보고된다.

판매비와 관리비란 매출원가와 같이 매출수익을 얻기 위하여 직접적으로 소비된 원가는 아니지만, 매출활동을 수행하기 위하여 간접적으로 발생한 원가를 말한다. 판매 및 관리직원의 급여, 복리후생비, 광고선전비, 여비교통비, 임차료, 감가상각비, 무형자산에 대한 상각비, 매출채권과 관련된 대손비용 등이 여기에 속한다.

영업외비용이란 그 기업의 중요한 영업활동과는 관련이 없으나 영업활동 결과 부수적으로 발생하는 비용을 말한다. 영업외비용으로는 이자비용, 유형자산처분손실 등이 있다.

특별손실이란 영업활동과 직접 관련이 없으며, 기업의 일시적 우연적인 거래에서 발생하는 비용으로서 발생 빈도수도 극히 낮은 비경상적인 활동으로부터 발생한 것을 말한다. 특별손실로는 홍수, 화재 등의 재난으로 인한 재해손실 등이 있다.

사회복지법인회계규칙에서 법인회계의 경우 비용을 사무비, 재산조성비, 사업비, 전출금, 과년도지출, 잡지출 등으로 분류하고 있다.

1) 사무비 : 사무비는 인건비, 업무추진비, 운영비, 제세공과금, 차량비, 연

료비 등으로 분류된다.

① 인건비 : 급여, 상여금, 일용잡금, 제수당, 퇴직금 및 퇴직적립금, 의료보험료, 국민연금등 사회보험부담금, 기타후생경비 등이 있다.

② 업무추진비 : 기관운영비, 직책보조비, 회의비 등이 있다.

③ 운영비 : 여비, 수용비 수수료(사무용품비 · 인쇄비 · 집기구입비 · 도서구입비 · 공고료 · 수수료 · 등기료 · 운송비 · 통행료및주차료 · 소규모수선비 · 포장비 등), 공공요금, 제세공과금, 차량비, 연료비 등이 있다.

2) 재산조성비 : 시설비, 자산취득비, 시설장비유지비 등이 있다.

① 시설비 : 시설 신 · 증축비 및 부대경비, 기타 시설비

② 자산취득비 : 법인운영에 필요한 비품구입비, 토지 · 건물 기타 자산의 취득비

③ 시설장비 유지비 : 건물 및 건축설비(구축물 · 기계장치) · 공구 · 기구 · 비품수선비 기타 시설물의 유지관리비

3) 사업비 : 일반사업비, 수익사업비 등이 있다.

① 일반사업비 : 법인에서 시설운영외의 지원사업을 하는 경우의 사업비로 예를 들면, 학자금지원 · 저소득층지원 등 사업별로 목을 설정함

② 수익사업비 : 법인수익을 위한 사업비로 예를 들면, 영농 · 축산 · 임대사업 등 사업별로 목을 설정함

4) 전출금

시설전출금 : 법인이 유지 · 경영하는 시설에 대한 부담금을 시설비로 목을 설정한다.

5) 과년도지출 : 과년도 미불금 및 과년도사업비의 지출

6) 상환금 : 부채상환금으로 이에는 원금상환금과 이자지불금

7) 잡지출 : 법인이 지출하는 보상금 · 사례금 · 소송경비 등

8) 예비비 :

예제2

① 직원 인건비 ₩3,000,000중 소득세 ₩25,000, 보험료 ₩15,000을 공제하고 현금지급하다.
② 사무실 임차료 ₩500,000을 보통예금 통장에서 이체하여주다.
③ 직원 교육을 위해 출장비로 여비 ₩100,000을 현금지급하다.
④ 법인 사무실에 사용할 문구용품 ₩50,000을 현금으로 구입하다.
⑤ 법인소유 차량의 유지비 ₩50,000을 현금으로 지급하다.

①	(차) 급료	3,000,000	(대) 현　금	2,960,000
			소득세예수금	25,000
			보험료예수금	15,000
②	(차) 임차료	500,000	(대) 보통예금	500,000
③	(차) 여비교통비	100,000	(대) 현　금	100,000
④	(차) 소모품비	50,000	(대) 현　금	50,000
⑤	(차) 차량유지비	50,000	(대) 현　금	50,000

4. 시설회계

(1) 수입

수입에는 입소자부담금수입, 사업수입, 과년도수입, 보조금수입, 차입금, 전

입금, 이월금, 잡수입 등이 있다.

1) 입소자부담금수입(입소비용수입) : 입소자로부터 받는 보호에 소요되는 비용수입을 종류별로 목을 설정한다.

2) 사업수입 : 시설운영으로 인하여 발생되는 사업수입을 종류별로 목을 설정함 예를 들면 입소자가 제작한 물품판매 수입 등

3) 과년도수입 : 전년도에 세입조정된 수입으로서 금년도에 수입으로 확정된 것

4) 보조금수입 : 경상보조금수입, 자본보조금수입, 기타보조금수입, 후원금수입 등이 있다.

① 경상보조금수입 : 국고 및 지방자치단체의 경상보조금
② 자본보조금수입 : 국고 및 지방자치단체의 자본보조금
③ 기타보조금수입 : 기타 사회복지사업기금 등에서 받은 보조금
④ 후원금수입 : 국내·외 민간단체로부터 받은 기부금·보조금 등 후원금 기타 개인·단체 등으로부터 받은 각종 기부금·결연후원금·위문금·찬조금 등의 후원금과 자선바자회 등으로부터 얻어지는 수입

5) 차입금 : 금융기관차입금과 개인·단체 등으로부터의 차입시의 기타차입금 등이 있다.

6) 전입금 :
법인전입금 : 법인으로부터의 전입금(국가·지방자치단체의 보조금은 제외함)

7) 이월금 : 전년도이월금, 이월사업비등이 있다.

① 전년도이월금 : 전년도 불용액으로 이월된 금액

② 이월사업비 : 전년도에 종료되지 못한 이월사업비

8) 잡수입 : 불용매각대, 기타예금이자수입, 기타잡수입 등이 있다.

① 불용매각대 : 비품 · 집기 · 기계 · 기구 등과 기타 불용품의 매각대

② 기타예금이자수입 : 기본재산예금외의 예금이자수입

③ 기타잡수입 : 기타 재산매각수입, 변상금 및 위약금 수입등과 다른과목에 속하지 아니하는 수입

(2) 비용

1) 사무비 : 사무비에는 인건비, 업무추진비, 운영비 등이 있다.

① 인건비 : 인건비에는 급여, 상여금, 일용잡금, 제수당, 퇴직금 및 퇴직적립금, 의료보험료, 국민연금 등 사회보험부담금, 기타후생경비 등이 있다.

② 업무추진비 : 기관운영비, 직책보조비, 회의비 등이 있다.

③ 운영비 : 여비, 수용비 수수료(사무용품비 · 인쇄비 · 집기구입비 · 도서구입비 · 공고료 · 수수료 · 등기료 · 운송비 · 통행료및주차료 · 소규모수선비 · 포장비 등), 공공요금(우편료 · 전신전화료 · 전기료 · 상하수도료 · 가스료 및 오물수거비), 제세공과금(자동차세, 협회가입비 · 화재 및 자동차보험료 · 기타보험료), 차량유지비(차량유류대 · 차량정비유지비 · 차량소모품비), 연료비 등이 있다.

2) 재산조성비 : 시설비, 재산취득비, 시설장비유지비등이 있다.

① 시설비 : 시설 신 · 증축비 및 부대경비 기타 시설비

② 자산취득비 : 시설운영에 필요한 비품구입비, 토지, 건물, 기타 자산의 취

득비

③ 시설장비유지비 : 건물 및 건축설비(구축물 · 기계장치), 공구 · 기구 · 비품수선비 · 기타시설물의 유지관리비

3) 사업비 : 운영비, 교육비, ~사업비

① 운영비 : 생계비(주 · 부식비, 특별부식비, 장유비, 월동용김장비), 수용기관경비(입소자를 위한 수용비 예를 들면 치약 · 칫솔 · 수건구입비 등), 피복비, 의료비, 장의비, 의료재활비, 직업재활비, 자활사업비(입소자의 자활을 위한 기자재구입비)

② 교육비 : 수업료(입소자 중학생에 대한 수업료), 학용품비

③ ~사업비 : 사업수입에 대응하는 각 프로그램별 사업비용

4) 전출금 : 법인회계전출금

5) 과년도지출 : 과년도미불금 및 과년도사업비의 지출

6) 부채상환금 : 원금상환금, 이자지불금

7) 잡지출 : 시설이 지출하는 보상금 · 사례금 · 소송경비 등

8) 예비비

사회복지법인 재무 · 회계규칙에 의거해서 항목을 구분하고 세분화하였지만 이러한 계정과목 중에는 감가상각비의 계상이나 대손상각, 충당금산입 등에 대한 계정과목의 설정이 필연적이다.

7 사회복지법인의 수익사업회계

사회복지법인의 수익사업회계

사회복지사업법 제16조[1]의 규정에 의하여 설립한 법인은 그가 행하는 사업에 지장이 없는 범위 안에서 정관이 정하는 바에 따라 그 사업운영에 충당하기 위하여 수익사업을 행할 수 있다. 이때 수익사업에 관한 회계는 당해 사회복지사업에 관한 회계와 구분 경리하여야 한다. 사회복지법인은 비영리법인으로서 비영리사업과 수익사업을 함께 할 때에는 회계는 구분경리를 하여야 한다.

---

1) 사회복지사업법 제16조법인의 설립허가)
   ① 사회복지법인을 설립하고자 하는 자는 대통령령이 정하는 바에 의하여 보건복지부장관의 허가를 받아야 한다.

1. 수익사업과 법인세

비영리내국법인(사회복지법인은 비영리내국법인이다)에 대하여는 그 법인의 정관 또는 규칙상의 사업목적에 불구하고 세법이 정한 「수익사업」인지의 여부를 가려 법인세의 납세의무 여부를 가린다.

법인세 납세의무 있는 비영리법인은 각 사업연도의 소득금액이 없거나, 결손이 있는 법인의 경우에도 세법이 정한 「법인세 과세표준과 세액」을 서면으로 정부에 신고하여야만 한다.

법인소득금액의 계산은 수익사업회계에서 비영리사업, 즉 당해 사회복지법인의 고유목적사업 또는 지정기부금에 지출하기 위하여 고유목적사업준비금을 손금으로 계상한 경우에는 세법이 정한 금액의 범위 안에서 각 사업연도의 소득금액 계산상 이를 손금에 산입할 수 있다. 이는 「수익사업회계의 고유목적사업준비금의 지출과 자본원입액의 반환」의 계산방법으로 결정짓는다.

2. 수익사업회계의 고유목적사업준비금의 지출과 자본원입액의 반환

사회복지기관이 행하는 수익사업은 이윤동기에 의하여 이윤을 추구하며 기간성과측정을 하는 회계이므로 이는 기업회계기준에 따라야 한다. 수익사업의 운영은 당해 사회복지사업의 운영에 충당하기 위하여 행하는 것이므로 수익사업에서 생긴 잉여금(당기순이익을 포함한다)은 그 복지사업에 충당되어야 한다.

세법은 비영리법인의 수익사업에서 생긴 소득에 대하여는 법인세를 부과하도록 규정하고 있기 때문에 사회복지법인이 운영하는 수익사업의 소득에 대해서도 법인세를 부과하는 것이다. 그러나 사회복지법인의 수익사업에서 비영리사업으로 지출 · 전출하는 자산가액은 세법이 정한 소득금액의 범위 내에서 전액이 고유목적사업준비금의 손금[2]산입, 즉 손금으로 인정이 되는 것이므로 비영리사업으로 소득금액이 지출되어진다면 법인소득금액을 낮출 수 있다. 수익사업은 본래 당해 복지사업의 운영에 충당할 목적으로 지출하는 자산가액 중 수익사업의 소득금액(잉여금을 포함한다)에 속하는 부분의 금액은 고유목적사업준비금으로 지출한 것으로 하고 그 소득금액을 초과하는 금액은 자본원입액의 반환으로 한다. 이를 분류하면 아래 표와 같다.

수익사업에서 비영리사업으로 지출하는 자산과 고유목적사업준비금의 관계				
비영리사업으로 지출하는 자산	=	고유목적사업준비금	+	자 본
사회복지사업법에 의하여 성립한 사회복지법인의 수익사업에서 그 법인이 운영하는 비영리사업으로 지출하는 자산가액	=	소득금액의 범위 이내에 속하는 가액은 고유목적사업준비금의 지출로 손금산입	+	고유목적사업준비금의 손금산입을 초과하는 자산가액은 수익사업의 자본감소(자본원입액의 반환)

2) 고유목적사업준비금을 5년 이내에 사용할 계획이 있어야 한다.
5년 이내에 사용하지 못했다면 특별이익인 고유목적사업준비금환입이라는 계정과목으로 수입처리 (이 경우는 가산세까지 납부)
1. 대부이자 발생액에 대해서....(5년 동안)
차) 고유목적사업준비금전입액 ××× / 대) 고유목적사업준비금 ×××
2. 5년 이내에 주무관청 승인을 받고 기금원금으로 전입시
차) 고유목적사업준비금 ××× / 대) 기본금 ×××
3. 5년 경과시
차) 고유목적사업준비금 ××× / 대) 고유목적사업준비금환입액(특별이익) ×××
고유목적사업준비금의 한도액 계산은 법인세법 제29조 제1항 및 같은법 시행령 제56조 3항에 의 하여, 조세특례제한법 제73조의 규정에 의한 기부금의 한도액 계산은 법인세법 시행령 제38조 제3 항 제2호의 규정에 의하여 계산하여야 하는 것임

3. 수익사업에서 비영리사업으로 지출하는 자산과 고유목적사업 준비금의 관계

수익사업에서 생긴 이익금을 비영리사업으로 지출하는 것은 복지사업의 운영충당이 본래적인 목적인 것이며, 조세부담의 회피를 위한 것은 아니다. 오히려 수익사업에서 생긴 이익금을 복지사업에 지출하지 아니함으로 수익사업에 소득이 생겨 과세되는 것이다.

원래 수익사업의 자본이란 당초 사회복지법인의 고유목적 사업인 비영리사업에서 전입받은 것이므로 수익사업의 자산을 비영리사업에 반환하는 때는 자본원입액의 반환으로 본다. 이 때 자본원입액 반환액의 계산은 수익사업의 자산을 비영리사업에 지출 또는 전출시 세법이 정한 고유목적사업준비금의 지출액 해당액을 차감한 잔액을 자본원입액의 반환으로 보는 것이다.

그러므로 수익사업회계의 자산을 복지사업에 지출 · 전출하는 회계처리는 첫째, 고유목적사업준비금의 지출해당가액인가, 둘째, 자본원입액의 반환인가의 거래로 발생한다. 이를 회계처리하면 다음과 같다.

〈수익사업 회계〉

(차변) 고유목적사업준비금의 전입액 　　　　　　(대변) 자산
　　　자본

부록1 • 사회복지법인 재무 · 회계규칙

보건복지부(복지정책과)

사회복지법인 재무 · 회계규칙

제정 1988. 2. 8 보건사회부령제813호
개정 1993.12.27 보건사회부령제922호
1998. 1. 7 보건복지부령제 57호
1999. 3.11 보건복지부령제 98호

제1장 총칙

제1조 (목적) 이 규칙은 사회복지사업법 제23조제4항의 규정에 의하여 사회복지법인의 재무 · 회계에 관한 사항을 규정하여 재무회계의 명확성 · 공정성을 기함으로써 사회복지법인의 합리적인 운영에 기여함을 목적으로 한다.<개정 93 · 12 · 27, 99 · 3 · 11>

제2조 (재무 · 회계운영의 기본원칙) 사회복지법인(이하 "법인"이라 한다)의 재무 · 회계는 그 설립목적에 따라 건전하게 운영되어야 한다.

제3조 (회계연도) 법인의 회계연도는 정부의 회계연도에 의한다.

제4조 (회계연도 소속구분) 법인의 수입 및 지출의 발생과 자산 및 부채의 증감 · 변동에 관하여는 그 원인이 되는 사실이 발생한 날을 기준으로 하여 연도소속을 구분한다. 다만, 그 사실이 발생한 날을 정할 수 없는 경우에는 그 사실을 확인한 날을 기준으로 하여 연도소속을 구분한다.

제5조 (출납기한) 1회계연도에 속하는 법인의 세입 · 세출의 출납에 관한 사무는 다음 연도 2월 말일까지 완결하여야 한다.<개정 93 · 12 · 27>

제6조 (회계의 구분) 법인의 회계는 당해 법인의 업무전반에 관한 회계(이하 "법인회계"라 한다), 당해 법인이 설치 · 운영하는 사회복지시설(이하 "시설"이라 한다)에 관한 회계(이하 "시설회계"라 한다)와 법인이 수행하는 수익사업에 관한 회계(이하 "수익사업회계"라 한다)로 구분한다.

제2장 예산과 결산

제1절 예산

제7조 (세입 · 세출의 정의) 1회계연도의 모든 수입을 세입으로 하고, 모든 지출을 세출로 한다.

제8조 (예산총계주의원칙) 세입과 세출은 모두 예산에 계상하여야 한다.
[전문개정 98. 1. 7]

제9조 (예산편성요령) ①법인의 대표이사는 제2조의 취지에 따라 매 회계연도 개시 1월전까지 그 법인과 시설의 예산편성요령을 정하여야 한다. <개정 98 · 1 · 7>

②법인 또는 시설의 소재지를 관할하는 시장 · 군수 · 구청장(자치구의 구청장을 말한다. 이하 같다)은 특히 필요하다고 인정되는 사항에 관하여는 예산편성요령을 정하여 매회계 연도 개시 2월전까지 법인에 통보할 수 있다. <개정 98 · 1 · 7>

제10조 (예산의 편성 및 결정절차) ①법인의 대표이사는 제 6조의 규정에 의한 회계별 예산을 편성하여 이사회의 의결을 거쳐 확정하고, 이를 매 회계연도 개시 5일전까지 관할 시장 · 군수 · 구청장에게 제출하여야 한다.

②제 1항의 규정에 의하여 예산을 편성할 경우 법인회계와 시설회계의 예산은 별표1 내지 별표4에 의한 세입 · 세출예산과목 구분에 따라 편성하여야 한다.

③시장 · 군수 · 구청장은 제1항의 규정에 의하여 예산을 제출받은 때에는 20일 이내에 법인과 시설의 회계별 세입 · 세출 예산개요를 시 · 군 · 구의 게시판에 20일 이상 공고하고, 법인의 대표이사로 하여금 당해 법인과 시설의 게시판에 20일 이상 공고하도록 하여야 한다.

④제3항 후단의 규정에 의한 공고는 일간신문 또는 정기간행물의등록등에관한 법률 제2조제1호의 규정에 의한 정기간행물에의 게재로 갈음할 수 있다.

[전문개정 98 · 1 · 7]

제11조 (예산에 첨부하여야 할 서류) ①예산에는 다음 각호의 서류가 첨부되어야 한다. 다만, 단식부기로 회계를 처리하는 경우에는 제1호 · 제2호 · 제5호 및 제6호의 서류만을 첨부할 수 있다. <개정 93 · 12 · 27>

1. 예산총칙
2. 세입 · 세출명세서
3. 추정대차대조표
4. 추정수지계산서
5. 임 · 직원 보수일람표
6. 당해 예산을 의결한 이사회회의록 사본

②제1항 제2호 내지 제5호의 서류의 서식은 별지 제1호 서식 내지 별지 제4호 서식에 의한다.

제12조 (준예산) 회계연도 개시 전까지 법인의 예산이 성립되지 아니한 때에는 대표이사가 시장 · 군수 · 구청장에게 그 사유를 보고하고 예산이 성립될 때까지 다음의 경비를 전년도 예산에 준하여 집행할 수 있다.

1. 임 · 직원의 보수
2. 법인 및 시설운영에 직접 사용되는 필수적인 경비
3. 법령상 지급의무가 있는 경비

제13조 (추가경정예산) ①법인의 대표이사는 예산성립후에 생긴 사유로 인하여 이미 성립된 예산에 변경을 가할 필요가 있을 때에는 제10조 및 제11조

의 규정에 의한 절차에 준하여 추가경정 예산을 편성 · 확정할 수 있다.

②대표이사는 추가경정예산이 확정된 날로부터 7일 이내에 이를 시장 · 군수 · 구청장에게 제출하여야 한다.

제14조 (예비비) 법인의 대표이사는 예측할 수 없는 예산외의 지출 또는 예산의 초과지출에 충당하기 위하여 예비비를 세출예산에 계상할 수 있다.

[전문개정 99 · 3 · 11]

제15조 (예산의 목적 외 사용금지) 법인회계 및 시설회계의 예산은 세출예산이 정한 목적 외에 이를 사용하지 못한다.

제16조 (예산의 전용) ①법인의 대표이사는 관 · 항 · 목간의 예산을 전용할 수 있다. 다만, 관간의 전용은 이사회의 의결을 거쳐 관할 시장 · 군수 · 구청장의 승인을 얻어야 하고, 동일관내의 항간의 전용은 이사회의 의결을 거쳐야 하며, 예산총칙에서 전용을 제한하고 있거나 예산성립과정에서 이사회에서 삭감한 관 · 항 · 목으로는 전용하지 못한다. <개정 98 · 1 · 7>

②대표이사는 제1항의 규정에 의하여 예산을 전용한 때에는 관할 시장 · 군수 · 구청장에게 즉시 보고하여야 한다. <개정 98 · 1 · 7>

제17조 (세출예산의 이월) 법인회계와 시설회계의 세출예산중 경비의 성질상 당해 회계 연도안에 지출을 마치지 못할 것으로 예측되는 경비와 연도내에 지출원인행위를 하고 불가피한 사유로 인하여 연도내에 지출하지 못한 경비는 이사회의 의결을 거쳐 다음 연도에 이월하여 사용할 수 있다. <개정 98 · 1 · 7>

제18조 (특정목적사업 예산) 완성에 수년을 요하는 공사나 제조 그 밖의 특수한 사업을 위하여 2회계연도이상에 걸쳐서 그 재원을 조달할 필요가 있는 때에는 회계연도 마다 일정액을 예산에 계상하여 특정목적사업을 위한 적립금으로 적립할 수 있다.

제2절 결 산

제19조 (결산서의 작성 제출) ①법인의 대표이사는 법인회계와 시설회계의

세입 · 세출결산보고서를 작성하여 이사회의 의결을 거친 후 다음 연도 3월 31일까지 시장 · 군수 · 구청장에게 제출하여야 한다.

②시장 · 군수 · 구청장은 제1항의 규정에 의하여 결산보고서를 제출받은 때에는20일 이내에 다음 각호의 사항을 시 · 군 · 구의 게시판에 20일 이상 공고하고, 법인의 대표이사로 하여금 당해 법인과 시설의 게시판에 20일 이상 공고하도록 하여야 한다. <신설 98 · 1 · 7>

1. 법인과 시설의 세입 · 세출 결산개요
2. 후원금품의 수입 및 사용내역 개요

③제2항의 규정에 의한 공고는 일간신문 또는 정기간행물의등록등에관한 법률 제2조제1호의 규정에 의한 정기간행물에의 게재로 갈음할 수 있다. <신설 98 · 1 · 7>

제20조 (결산보고서에 첨부하여야 할 서류) ①결산보고서에는 다음 각 호의 서류가 첨부되어야 한다. 다만, 단식부기로 회계를 처리하는 경우에는 제1호 내지 제3호, 제14호 내지 제22호의 서류만을 첨부할 수 있다. <개정 93 · 12 · 27, 98 · 1 · 7>

1. 세입 · 세출결산서
2. 과목전용조서
3. 예비비사용조서
4. 대차대조표
5. 수지계산서
6. 현금 및 예금명세서
7. 유가증권명세서
8. 미수금명세서
9. 재고자산명세서
10. 기타 유동자산명세서(제6호 내지 제9호의 유동자산외의 유동자산을 말한다)

11. 고정자산(토지 · 건물 · 차량운반구 · 비품 · 전화가입권)명세서
12. 부채명세서(차입금 · 미지급금을 포함한다)
13. 제충당금명세서
14. 기본재산수입명세서
15. 사업수입명세서
16. 정부보조금명세서
17. 후원금수입명세 및 사용결과보고서
18. 인건비명세서
19. 사업비명세서
20. 기타 비용명세서(인건비 및 사업비를 제외한 비용을 말한다)
21. 감사보고서
22. 법인세 신고서(수익사업이 있는 경우에 한한다)

②제1항 제1호 내지 제3호의 서류는 별지 제5호 서식 내지 별지 제7호 서식에 의하고, 제1항 제4호 및 제5호의 서류는 별지 제2호 서식 및 별지 제3호 서식에 의하며, 제6호 내지 제21호의 서류는 별지 제8호 서식 내지 별지 제23호 서식에 의한다.

제3장 회 계

제1절 총 칙

제21조 (수입 및 지출사무의 관리) ①법인의 대표이사와 시설의 장은 법인과 시설의 수입 및 지출에 관한 사무를 관리한다.

②법인의 대표이사와 시설의 장은 수입 및 지출원인행위에 관한 사무를 각각 소속직원에게 위임할 수 있다.

제22조 (수입과 지출의 집행기관) ①법인과 시설에는 수입과 지출의 현금출납

업무를 담당하게 하기 위하여 각각 수입원과 지출원을 둔다. 다만, 법인 또는 시설의 규모가 소규모인 경우에는 수입원과 지출원을 동일인으로 할 수 있다.

②제 1항의 수입원과 지출원은 각각 그 법인의 대표이사와 시설의 장이 임면한다.

제23조 (회계의 방법) 회계는 단식부기에 의한다. 다만, 법인회계와 수익사업회계에 있어서 복식부기의 필요가 있는 경우에는 복식부기에 의한다. [전문개정 93 · 12 · 27]

제24조 (장부의 종류) ①법인 및 시설에는 다음의 회계장부를 둔다. <개정 98 · 1 · 7>

1. 현금출납부
2. 총계정원장
3. 총계정원장보조부
4. 재산대장
5. 비품관리대장
6. 소모품대장
7. 내지 12. 삭제 <98 · 1 · 7>

②제1항 제1호 내지 제6호의 규정에 의한 회계장부는 별지 제24호 서식 내지 별지 제29호 서식에 의한다. <개정 98 · 1 · 7>

제2절 수 입

제25조 (수입금의 수납) ①모든 수입금의 수납은 이를 금융기관에 취급시키는 경우를 제외하고는 수입원이 아니면 수납하지 못한다.

②수입원이 수납한 수입금은 그 다음날까지 금융기관에 예입하여야 한다. <개정 98 · 1 · 7>

③제1항 및 제2항의 규정에 의한 수입금에 대한 금융기관의 거래통장은 제6조의 규정에 의한 회계별로 구분될 수 있도록 보관 · 관리하여야 한다. <신

설 98 · 1 · 7>

제26조 (과년도 수입과 반납금 여입) ①출납이 완결한 연도에 속하는 수입 기타 예산외의 수입은 모두 현년도의 세입에 편입하여야 한다.

②지출된 세출의 반납금은 각각 지출한 세출의 당해 과목에 여입할 수 있다.

제27조 (과오납의 반환) 과오납된 수입금은 수입한 세입에서 직접 반환한다.

제3절 지 출

제28조 (지출의 원칙) ①지출은 제21조의 규정에 의한 지출 사무를 관리하는 자 및 그 위임을 받아 지출명령이 있는 것에 한하여 지출원이 행한다.

②제1항의 지출명령은 예산의 범위 안에서 하여야 한다.

제29조 (지출의 방법) ①지출은 상용의 경비 또는 소액의 경비 지출을 제외하고는 금융기관의 수표로 행하거나 예금통장에 의하여 행하여야 한다.

②지출원은 상용의 경비 또는 소액의 경비지출을 위하여 100만원 이하의 현금을 보관할 수 있다.

제30조 (지출의 특례) ①지출에 있어서 선금급을 할 수 있는 경비의 범위는 다음과 같다.

1. 외국에서 직접 구입하는 기계, 도서, 표본 또는 실험용재료의 대가
2. 정기간행물의 대가
3. 토지 또는 가옥의 임대료와 용선료
4. 운 임
5. 소속직원 중 특별한 사정이 있는 자에 대하여 지급하는 급여의 일부
6. 관공서(정부투자기관관리기본법에 의한 정부투자기관 및 특별법에 의하여 설립된 특수법인을 포함한다)에 대하여 지급하는 경비
7. 외국에서 연구 또는 조사에 종사하는 자에 대하여 지급하는 경비
8. 보조금
9. 사례금

10. 계약금액이 1천만원 이상인 공사나 제조 또는 물건의 매입을 하는 경우에 계약금액의 100분의 50을 초과하지 아니하는 금액

②지출에 있어서 개산급을 할 수 있는 경비의 범위는 다음과 같다.

1. 여비 및 판공비
2. 관공서(정부투자기관관리기본법에 의한 정부투자기관 및 특별법에 의하여 설립된 특수법인을 포함한다)에 대하여 지급하는 경비
3. 보조금
4. 소송비용

제4절 계 약

제30조의2 (계약의 원칙)계약은 상호 대등한 입장에서 당사자의 합의에 따라 체결하여야 하며, 당사자는 계약의 내용을 신의성실의 원칙에 따라 이를 이행하여야 한다.

[본조신설 98 · 1 · 7]

제31조 (계약담당자)①계약에 관한 사무는 각각 그 법인의 대표이사와 시설의 장이 처리한다.

②법인의 대표이사와 시설의 장은 계약체결에 관한 사무를 소속직원에게 위임할 수 있다.

제32조 (계약의 방법)①법인의 대표이사와 시설의 장(계약 체결에 관한 사무의 위임을 받은 자를 포함한다. 이하"계약담당자"라 한다)은 계약을 하는 경우에는 지명경쟁계약 또는 수의계약에 의하는 경우를 제외하고는 공고를 하여 일반 경쟁에 붙여야 한다.

②계약담당자는 다음 경우에는 지명경쟁에 붙일 수 있다. <개정 93 · 12 · 27, 98 · 1 · 7>

1. 추정가격이 1억원 이하인 공사 또는 제조의 경우
2. 추정가격이 3천만원이하인 재산을 매각 또는 매입할 경우

3. 예정임대 · 임차료의 총액이 3천만원이하인 물건을 임대 · 임차할 경우

③계약담당자는 다음의 경우는 수의계약에 의할 수 있다. <개정 93 · 12 · 27, 98 · 1 · 7>

1. 공사의 경우 추정가격이 5천만원 이하인 경우
2. 물품의 제조 · 구매 · 용역 기타 계약의 경우 추정가격(임차 또는 임대의 경우에는 연액 또는 총액기준)이 2천만원이하인 경우

④제1항 내지 제3항의 규정에 불구하고 계약의 목적 · 성질 등에 비추어 일반경쟁계약에 의할 수 없거나 일반경쟁계약에 의하는 것이 현저하게 불리하다고 인정되는 사유가 있는 경우에는 지명경쟁계약 또는 수의계약에 의할 수 있다.

제33조 (계약서의 작성 및 계약의 성립) ①계약담당자는 계약을 체결하고자 할 때에는 계약의 목적, 계약금액, 이행기간, 계약보증금, 위험부담, 지체상금 기타 필요한 사항을 명백히 기재한 계약서를 작성하여야 한다.

②제1항의 규정에 의하여 계약서를 작성하는 경우에는 계약담당자와 계약상대자가 계약서에 기명날인함으로써 계약이 성립된다.

제34조 (계약서의 작성생략) ①계약담당자는 제33조 규정에 불구하고 다음 각호의 1에 해당하는 경우에는 계약서의 작성을 생략할 수 있다. <개정 93 · 12 · 27, 98 · 1 · 7>

1. 계약금액이 2천만원 이하인 계약을 체결하는 경우
2. 삭제<98 · 1 · 7>
3. 경매에 부칠 경우
4. 물품매각의 경우에 있어서 매수인이 즉시 대금을 납부하고 그 물품을 인수할 경우
5. 전기, 가스, 수도의 공급계약 등 성질상 계약서의 작성이 필요하지 아니한 계약을 할 경우

②제1항의 규정에 의하여 계약서의 작성을 생략하는 경우에는 청구서, 각서, 협정서등 계약성립의 증거가 될 수 있는 서류를 받아 비치하여야 한다.

제35조 (보증금) 계약담당자는 경쟁입찰을 하거나, 계약을 체결한 때에는 현금(체신관서 또는 은행법에 의한 금융기관이 발행하는 자기앞수표를 포함한다) 또는 국가를 당사자로 하는 계약에 관한 법률시행령 제37조제2항의 규정에 의한 보증서 또는 증권으로 입찰금액 또는 계약금액의 100분의 10 이상의 보증금을 받아야 한다. 다만, 계약보증금을 받음으로써 계약체결에 현저하게 불리하다고 인정되는 확실한 사유가 있을 때에는 계약 담당자는 계약보증금을 받지 아니할 수 있다. <개정 98 · 1 · 7>

제36조 (직영공사) ①법인과 시설의 각종 공사는 그 법인의 대표이사와 시설의 장의 결정에 따라 이를 직영할 수 있다. <개정 98 · 1 · 7, 99 · 3 · 11>

②제1항의 공사를 할 때에는 작업일지와 자재수급부, 노임지급명세표등을 비치하여 정확하게 기록하고 그 집행, 관리 및 감독은 이를 전문기술자로 하여금 담당하게 하여야 한다.

제37조 (검사조서 작성) ①계약담당자는 계약상대자가 계약의 이행을 완료한 때에는 그 이행을 확인하기 위하여 계약서, 설계서 기타 관계서류에 의하여 스스로 필요한 검사를 하여야 한다.

②전문적인 지식 또는 기술을 필요로 하거나 기타 부득이한 사유로 제1항의 규정에 의한 검사를 할 수 없는 때에는 전문기관 또는 기술자로 하여금 필요한 검사를 하게 할 수 있다.

③제1항 및 제2항의 규정에 의한 검사를 할 경우에는 별지 제30호 서식 내지 별지 제32호 서식에 의한 검사조서를 작성하여야 한다. 다만, 다음의 경우에는 그 검사조서의 작성을 생략할 수 있다. <개정 93 · 12 · 27, 98 · 1 · 7>

1. 계약금액이 2천만원 이하의 계약의 경우
2. 매각계약의 경우
3. 전기, 가스, 수도의 공급계약 등 그 성질상 검사조서의 작성을 요하지 아니하는 계약의 경우

제37조의2 (준용)계약에 관하여 이 절에서 규정하지 아니한 사항은 국가를

당사자로 하는 계약에 관한 법령을 준용한다. [본조신설 98 · 1 · 7]

제4장 물 품

제38조 (물품의 관리자와 출납원) ①법인의 대표이사와 시설의 장은 그 소관에 속하는 물품(현금 및 유가증권을 제외한 동산을 말한다. 이하 같다)을 관리한다. <개정 98 · 1 · 7>

②법인의 대표이사와 시설의 장은 그 소관에 속하는 물품관리에 관한 사무를 소속직원에게 위임할 수 있다.

③법인의 대표이사와 시설의 장(제2항의 규정에 의하여 위임을 받은 자를 포함한다. 이하 "물품관리자"라 한다)은 물품의 출납보관을 위하여 소속직원 중에서 물품출납원을 지정하여야 한다.

제39조 (물품의 관리의무) 물품관리자 및 물품출납원은 선량한 관리자의 주의로써 사무에 종사하여야 한다.

제40조 (물품의 관리) ①물품관리자는 물품을 출납하게 하고자 할 때에는 물품출납원에게 출납하여야 할 물품의 분류를 명백히 하여 그 출납을 명령하여야 한다.

②물품출납원은 제1항의 규정에 의한 명령이 없이는 물품을 출납할 수 없다.

제40조의2 (재물조사) 법인의 대표이사와 시설의 장은 연 1회 그 관리에 속하는 물품에 대하여 정기적으로 재물조사를 실시하여야 하며, 필요하다고 인정하는 때에는 정기재물조사 외에 수시로 재물조사를 할 수 있다.

제41조 (불용품의 처리) ①법인과 시설의 물품관리자는 물품 중 그 사용이 불가능하거나 수리하여 다시 사용할 수 없게 된 물품이 있을 때에는 그 물품에 대하여 불용의 결정을 하여야 한다.

②제1항의 규정에 의한 불용품을 매각한 경우 그 대금은 당해 법인 또는 시설의 세입예산에 편입시켜야 한다.

제4장의 2 후원금의 관리

제41조의2 (후원금의 범위 등) ①법인의 대표이사와 시설의 장은 아무런 대가없이 무상으로 받은 금품 기타의 자산(이하 "후원금"이라 한다)의 수입 · 지출 내용과 관리에 명확성이 확보되도록 하여야 한다. 시설거주자가 받은 개인결연후원금을 당해인이 정신질환 기타 이에 준하는 사유로 관리능력이 없어 시설의 장이 이를 관리하게 되는 경우에도 또한 같다.

②삭 제<99 · 3 · 11>

[본조실설 98 · 1 · 7]

제41조의3 삭 제〈99·3·11〉

제41조의4 (후원금의 영수증 교부) 법인의 대표이사와 시설의 장은 후원금을 받은 때에는 별지 제35호 서식에 의한 후원금영수증을 후원자에게 즉시 교부하여야 한다. 다만, 금융기관 또는 체신관서의 계좌입금을 통하여 후원금을 받는 경우에는 그러하지 아니하다.

[본조실설 98 · 1 · 7]

제41조의5 (후원금의 수입 및 사용내용통보) 법인의 대표이사와 시설의 장은 연1회 이상 해당후원금의 수입 및 사용내용을 후원금을 낸 법인 · 단체 또는 개인에게 통보하여야 한다. 이 경우 법인이 발행하는 정기간행물 또는 홍보지등을 이용하여 일괄 통보할 수 있다.

[본조실설 98 · 1 · 7]

제41조의6 (후원금의 수입 및 사용결과 보고) 법인의 대표이사와 시설의 장은 반기 종료 후 10일 이내에 별지 제19호 서식에 의한 후원금수입 및 사용결과보고서를 관할 시장 · 군수 · 구청장에게 제출하여야 한다.

제41조의7 (후원금의 용도 외 사용금지) ①법인의 대표이사와 시설의 장은 후원금을 후원자가 지정한 사용용도외의 용도로 사용하지 못한다.

②후원금의 수입 및 지출은 제10조의 규정에 의한 예산의 편성 및 확정절차

에 따라 세입 · 세출예산에 편성하여 사용하여야 한다.

[본조신설 98 · 1 · 7]

제5장 감 사

제42조 (감사) ①법인의 감사는 당해 법인과 시설에 대하여 매년 1회 이상 감사를 실시하여야 한다.

②법인의 대표이사는 시설의장과 수입원 및 지출원이 사망하거나 경질된 때에는 그 관장에 속하는 수입, 지출, 재산, 물품 및 현금 등의 관리상황을 감사로 하여금 감사하게 하여야 한다.

③제2항의 규정에 의한 감사를 함에 있어서는 전임자가 입회하여야 하며, 전임자가 입회할 수 없는 경우에는 그 전임자가 지정하거나 법인의 대표이사가 관계 직원 중에서 지정한 입회인을 입회하게 하여야 한다.

④감사는 제1항 내지 제3항의 규정에 의하여 감사를 한 때는 감사보고서를 작성하여 당해 법인의 이사회에 보고하여야 하며, 재산상황 또는 업무집행에 관하여 부정 또는 불비한 점이 발견된 때에는 시장 · 군수 · 구청장에게 보고하여야 한다.

⑤제4항의 감사보고서에는 감사가 서명 또는 날인하여야 한다. <개정 98 · 1 · 7>

제6장 보 칙

제43조 (사무의 인계 · 인수) ①회계사무를 담당하는 직원이 경질된 때에는 당해 사무의 인계 · 인수는 발령일로부터 5일 이내에 행하여져야 한다.

②인계자는 인계할 장부와 증빙서류 등의 목록을 각각 3부씩 작성하여 인계 · 인수자가 각각 기명날인한 후 각각 1부씩 보관하고, 1부는 이를 예금잔

고증명과 함께 인계 · 인수보고서에 첨부하여 법인의 대표이사에게 제출하여야 한다. 이 경우 시설에 있어서는 시설의 장을 거쳐 제출하여야 한다.

제44조 (시행세칙) 이 규칙의 시행을 위하여 필요한 세부사항은 보건복지부장관이 개정 한다. <개정 98 · 1 · 7>

부 칙

①(시행일) 이 규칙은 1988년 6월 1일부터 시행한다.

②(정관변경에 관한 경과조치) 법인의 정관 중 재무 및 회계에 관한 규정은 이 규칙 시행일로부터 6월 이내에 이 규칙에 맞게 변경하여 정관변경허가를 받아야 한다.

부 칙 <93 · 12 · 27>

이 규칙은 1994년 1월 1일부터 시행한다.

부 칙 <98 · 1 · 7>

이 규칙은 공포한 날부터 시행한다.

부 칙 <99 · 3 · 11>

이 규칙은 공포한 날부터 시행한다.

〔별표 1〕 <개정 98 · 1 · 7>

법인회계 세입예산과목구분(제10조제2항관련)

과 목						내 역
관		항		목		
01	재산수입	11	기본재산 수입	111	임대료수입	부동산임대수입
				112	배당 및 이자수입	소유주식배당수입, 예금이자수입
				113	재산매각 수입	부동산매각수입
				114	기타수입	불용재산매각등 기타의 재산수입
02	사업수입	21	수익사업 수입	211	○○수익 사업수입	법인의 수익사업으로 얻어지는 수입
				· · ·	· · ·	예 : 영농 · 축산 · 임대사업 (기본재산임대수입은 111목에 계상)등 사업별로 목을 설정함
03	과년도 수입	31	과년도 수입	311	과년도수입	전년도에 세입조정된 수입으로서 금년도에 수입으로 확정된 것
04	보조금 수입	41	보조금 수입	411	경상보조금 수입	국고 및 지방자치단체의 경상보조금
				412	자본보조금 수입	국고 및 지방자치단체의 자본보조금
				413	기타보조금 수입	기나 사회복지사업기금 등에서 받은 보조금
		42	후원금 수입	421	후원금수입	국내 · 외 민간단체로부터 받은 기부금 · 보조금 등 후원금, 기타 개인 · 단체 등으로부터 받은 각종 기부금 · 결연후원금 · 위문금 · 찬조금 등의 후원금과 자선바자회 등으로부터 얻어지는 수입

과 목						내 역
관		항		목		
05	차입금	51	차입금	511	금융기관 차입금	금융기관으로부터의 차입금
				512	기타차입금	개인·단체 등으로부터의 차입금
06	전입금	61	전입금	611	다른 회계로부터의 전입금	수익사업회계 및 시설회계로부터의 전입금
07	이월금	71	이월금	711	전년도 이월금	전년도불용액으로서 이월된 금액
				712	이월사업비	전년도에 종료되지 못한 이월사업비
08	잡수입	81	잡수입	811	불용품 매각대	비품 · 집기 · 기계 · 기구등과 기타 불용품의 매각대
				812	기타예금 이자수입	기본재산예금 외의 예금이자 수입
				813	기타잡수입	기타 재산매각수입, 변상금 및 위약금수입 등과 다른 과목에 속하지 아니하는 수입

〔별표2〕 <개정 99 · 3 · 11>

법인회계 세출예산과목구분(제10조제2항관련)

과 목						내 역
관		항		목		
01	사무비	11	인건비	111	급 여	법인 임 · 직원에 대한 기본 봉급
				112	상여금	법인 임 · 직원에 대한 기말 · 정근수당
				113	일용잡급	일급 또는 단기간 채용하는 임시직에 대한 급여
				114	제수당	법인 임 · 직원에 대한 제수당(직종 · 직급별로 일정액을 지급하는 수당과 시간외근무수당 · 야간근무수당 · 휴일근무수당 등) 및 기타 수당
				115	퇴직금 및 퇴직적립금	법인 임 · 직원퇴직급여제도에 따른 퇴직급여 및 퇴직적립금(충당금)
				116	의료보험료	법인 임 · 직원의 의료보험료
				117	국민연금등 사회보험 부담금	법인 임 · 직원의 국민연금 등 사회보험부담금
				118	기타후생 경비	법인 임 · 직원의 상용피복비 · 건강진단비 · 급량비 · 기타 복리후생에 소요되는 비용
		12	업무 추진비	121	기관운영비	기관운영 및 유관기관과의 업무협의 등에 소요되는 제경비
				122	직책보조비	법인 임 · 직원의 직책수행을 위하여 정기적으로 지급하는 경비
				123	회의비	법인의 이사회 · 후원회 등 각종 회의의 다과비등에 소요되는 제경비

과 목						내 역
관		항		목		
		13	운영비	131	여비	법인 임 · 직원의 국내 · 외출장여비
				132	수용비 및 수수료	사무용품비 · 인쇄비 · 집기구입비(물건의 성질상 장기간 사용 또는 고정자산으로 취급되는 집기류는 212목에 계상) · 도서구입비 · 공고료 · 수수료 · 등기료 · 운송비 · 통행료 및 주차료 · 소규모수선비 · 포장비 등
				133	공공요금	우편료 · 전신전화료 · 전기료 · 상하수도료 · 가스료 및 오물수거료
				134	제세공과금	법령에 의하여 지급하는 제세(법인세 · 자동차세 등), 협회가입비, 화재 · 자동차보험료, 기타 보험료
				135	차량비	차량유류대 · 차량정비유지비 · 차량소모품비
				136	연료비	보일라 및 난방시설연료비
02	재산 조성비	21	시설비	211	시설비	시설 신 · 증축비 및 부대경비, 기타 시설비
				212	자산취득비	법인운영에 필요한 비품구입비, 토지 · 건물 · 기타 자산의 취득비
				213	시설장비 유지비	건물 및 건축설비(구축물 · 기계장치) · 공구 · 기구 · 비품수선비(소규모수선비는 132목에 계상) 기타 시설물의 유지관리비
03	사업비	31	일반 사업비	311 · · ·	○○사업비 · · ·	법인에서 시설운영외의 지원사업을 하는 경우의 사업비 예 : 학자금지원 · 저소득층지원 등 사업별로 목을 설정함
		32	수익사업비	321	○○수익	법인수익을 위한 사업비

과 목						내 역
관		항		목		
					사업비	예 : 영농 · 축산 · 임대사업 등, 사업별로 목을 설정함
				·	·	
				·	·	
04	전출금	41	전출금	411	○○시설 전출금	법인이 유지 · 경영하는 시설에 대한 부담금을 시설별로 목을 설정함
				·	·	
				·	·	
				·	·	
05	과년도 지출	51	과년도 지출	511	과년도지출	과년도미불금 및 과년도사업비의 지출
06	상환금	61	부채 상환금	611	원금상환금	차입금원금상환금
				612	이자지불금	차입금이자지급금
07	잡지출	71	잡지출	711	잡지출	법인이 지출하는 보상금 · 사례금 · 소송경비 등
08	예비비	81	예비비	811	예비비	예비비

〔별표 3〕 <개정 98 · 1 · 7>

시설회계 세입예산과목구분 (제10조 제 2항관련)

과 목						내 역
관		항		목		
01	입소자 부담금 수입	11	입소비용 수 입	111	○○ 비용 수 입	입소자로부터 받는 보호에 소요되는 비용수입을 종류별로 목을 설정함
				· · · ·	· · · ·	
02	사업수입	21	사업수입	211	○○사 업 수 입	시설운영으로 인하여 발생되는 사업수입을 종류별로 목을 설정함 예 : 입소자가 제작한 물품판매 수입 등
				· · · ·	· · · ·	
03	과년도 수입	31	과년도 수입	311	과년도 수입	전년도에 세입조정된 수입으로서 금년도에 수입으로 확정된 것
04	보조금 수입	41	보조금 수입	411	경상보조금 수입	국고 및 지방자치단체의 경상보조금
				412	자본보조금 수입	국고 및 지방자치단체의 자본보조금
				413	기타보조금 수입	기타 사회복지사업기금 등에서 받은 보조금
		42	후원금 수입	421	후원금 수입	국내 · 외 민간단체로부터 받은 기부금 · 보조금 등 후원금 기타 개인 · 단체 등으로부터 받은 각종기부금 · 결연후원금 · 위문금 · 찬조금 등의 후원금과 자선바자회 등으로부터 얻어지는 수입

과 목						내 역
관		항		목		
05	차입금	51	차입금	511	금융기관 차입금	금융기관으로부터의 차입금
				512	기타 차입금	개인 · 단체 등으로부터의 차입금
06	전입금	61	전입금	611	법인전입금	법인으로부터의 전입금(국가 · 지방자치단체의 보조금은 제외함)
07	이월금	71	이월금	711	전년도 이월금	전년도 불용액으로 이월된 금액
				712	이월 사업비	전년도에 종료되지 못한 이월 사업비
08	잡수입	81	잡수입	811	불용품 매각대	비품 · 집기 · 기계 · 기구등과 기타 불용품의 매각대
				812	기타예금 이자수입	기본재산예금 외의 예금이자 수입
				813	기타 잡수입	기타 재산매각수입, 변상금 및 위약금 수입 등과 다른 과목에 속하지 아니하는 수입

〔별표 4〕 <개정 98 · 1 · 7>

시설회계 세출예산과목구분(제10조제 2항관련)

과목						내역
관		항		목		
01	사무비	11	인건비	111	급여	시설직원에 대한 기본봉급
				112	상여금	시설직원에 대한 기말· 정근수당
				113	일용잡급	일급 또는 단기간 채용하는 임시직에 대한 급여
				114	제수당	시설직원에 대한 제수당(직종 · 직급별로 일정액을 지급하는 수당, 시간외근무수당, 야간근무수당, 휴일근무수당 등) 및 기타 수당
				115	퇴직금 및 퇴직적립금	시설직원 퇴직급여제도에 따른 퇴직급여 및 퇴직적립금(충당금)
				116	의료보험료	시설직원의 의료보험료
				117	국민연금등 사회보험 부담금	시설직원의 국민연금 등 사회보험부담금
				118	기타후생 경비	시설직원의 상용피복비 · 건강진단비 · 급량비 · 기타 복리후생에 소요되는 비용
		12	업무추진비	121	기관운영비	기관운영 및 유관기관과의 업무협의 등에 소요되는 제경비
				122	직책보조비	시설직원의 직책수행을 위하여 정기적으로 지급하는 경비
				123	회의비	후원회 등 각종 회의의 다과비 등에 소요되는 제경비
		13	운영비	131	여비	시설직원의 국내 · 외출장여비

과 목						내 역
관		항		목		
				132	수용비 및 수수료	사무용품비 · 인쇄비 · 집기구입비(물건의 성질상 장기간 사용 또는 고정자산으로 취급되는 집기류는 212목에 계상) · 도서구입비 · 공고료 · 수수료 · 등기료 · 운송비 · 통행료 및 주차료 · 소규모수선비 · 포장비 등
				133	공공요금	우편료 · 전신전화료 · 전기료 · 상하수도료 · 가스료 및 오물수거료
				134	제세공과금	법령에 의하여 지급하는 제세(자동차세등), 협회가입비, 화재 · 자동차보험료, 기타보험료
				135	차량비	차량유류대 · 차량정비유지비 · 차량소모품비
				136	연료비	보일라 및 난방시설연료비, 취사에 필요한 연료비
02	재 산 조성비	21	시설비	211	시설비	시설 신 · 증축비 및 부대경비 기타 시설비
				212	자산취득비	시설운영에 필요한 비품구입비, 토지 · 건물 · 기타 자산의 취득비
				213	시설장비 유지비	건물 및 건축설비(구축물 · 기계장치), 공구 · 기구, 비품수선비(소규모수선비는 132목에 계상) 기타 시설물의 유지관리비
03	사 업 비	31	운 영 비	311	생계비	주 · 부식비, 특별부식비, 장유비, 월동용김장비

과 목						내 역
관		항		목		
				312	수용기관 경비	입소자를 위한 수용비(치약 · 칫솔 · 수건구입비 등)
				313	피복비	입소자의 피복비
				314	의료비	입소자의 보건위생 및 시약대
				315	장의비	입소자중 사망자의 장의비
				316	의료재활비	입소자(재활 · 물리 · 작업 · 언어 · 청능)치료비, 수술비용, 의수족등 보장구제작수리비
				317	직업재활비	입소자의 직업훈련재료비
				318	자활사업비	입소자의 자활을 위한 기자재 구입비
		32	교육비	321	수업료	입소자중 학생에 대한 수업료
				322	학용품비	입소자중 학생에 대한 학용품비
		33	○○사업비	331 · · · ·	○○사 업 비 · · · ·	사업수입에 대응하는 각 프로그램별 사업비용
04	전출금	41	전출금	411	법인회계 전출금	법인회계로의 전출금
05	과년도 지출	51	과년도 지출	511	과년도 지출	과년도미불금 및 과년도사업비의 지출
06		61	부채 상환금	611	원금 상환금	차입금원금상환금
				612	이자지불금	차입금이자지급금
07	잡지출	71	잡지출	711	잡지출	시설이 지출하는 보상금 · 사례금 · 소송경비 등
08		81	예비비	811	예비비	예비비

〔별지 제 1호서식〕

세입 · 세출 명세서

과 목			예 산 액	전 년 도 예 산 액	증 감	산 출 기 초
관	항	목				

3106-63일 190㎜×268㎜ 87. 5. 29 승인 (신문용지54g/㎡)

〔별지 제2호 서식〕

(추정)대차대조표

(년 월 일 현재)

과 목	금 액		
Ⅰ. 자 산			
1. 유동자산			000
가. 현금과 예금		000	
(1) 현 금	000		
(2) 예 금	000		
나. 받을어음		000	
다. 유가증권		000	
(1) 국 · 공채	000		
(2) 주 식	000		
(3) 사채(채권)	000		
라. 미수금		000	
마. 재고자산		000	
바. 기타유동자산		000	
(1) 직원급료 선불금	000		
2. 고정자산			000
가. 유형고정자산		000	
(1) 토 지	000		
(2) 건 물	000		
(3) 기계기구류	000		
나. 무형고정자산		000	
(1) 지상권	000		
(2) 전세권	000		
(3) 특허권	000		

과 목	금 액		
자 산 총 계			00,000
Ⅱ. 부채와 자본			
1. 유동부채			000
가. 지불어음		000	
(1) 직원급료 미불금	000		
(2) 물품대 미불금	000		
나. 일시차입금	00	000	
다. 가수금		000	
2. 고정부채			000
가. 정기차입금		000	
(1) 금융기관차입금	000		
(2) 개인차입금	000		
3. 자본(기금)			000
4. 잉여금			000
가. 적립금		000	
(1) 직원퇴직 적립금	000		
(2) 재평가 적립금	000		
나. 전기이월금		000	
다. 당기이월금		000	
(1) 기말불용액	000		
부 채 와 자 본 총 계			00,000
※ 기재시 주의사항 1. 과목은 실정에 맞도록 증감할 수 있다. 2. 중요한 것은 각각 명세표를 첨부한다. 3. 기금에 대하여는 설립당초의 원조금 또는 부채인수액을 기입한다.			

3106-64일 190㎜×268㎜ 87. 5. 29 승인 (신문용지54g/㎡)

〔별지 제3호서식〕 <개정 98·1·7>

(추정) 수 지 계 산 서

년　월　일부터
년　월　일까지

과 목	금 액		
Ⅰ. 수 입			
1. 재산수입		000	
가. 기본재산수입	000		
나. 재산매각대	000		
2. 사업수입		000	
3. 과년도수입		000	
4. 보조금수입		000	
가. 정부보조금	000		
나. 후원금	000		
5. 차입금		000	
6. 전입금		000	
7. 이월금		000	
8. 잡수입		000	
가. 물품매각대	000		
나. 예금이자	000		
다. 잡수입	000		
수 입 합 계			000
Ⅱ. 지 출			
1. 사무비		000	
가. 인건비	000		
나. 물건비	000		
다. 수용비 및 수수료	000		

과 목	금 액		
라. 업무추진비	000		
마. 공공요금	000		
바. 제세공과금	000		
사. 차량비	000		
2. 재산조성비		000	
가. 시설비	000		
나. 재산관리비	000		
3. 수익사업비		000	
4. 전출금		000	
가. ○○시설 전출금	000		
나. ○○시설 전출금	000		
5. 과년도 지출		000	
6. 상환금		000	
7. 사업비		000	
8. 잡지출		000	
9. 예비비		000	
지 출 합 계			000
Ⅲ. 당기잉여금			000
※ 기재시 주의사항 과목은 세입 · 세출예산의 과목과 동일하여야 한다.			

부록2 • 단일금액 1원의 현재가치

【단일금액 1원의 현재가치】 $P=\frac{1}{(1+r)^n}$

기간이자율(r)

기간수 (*n*)	1%	2%	3%	4%	5%	6%	7%	8%	9%	10%
1	.9901	.9704	.9709	.9615	.9524	.9434	.9346	.9259	.9174	.9091
2	.9803	.9612	.9426	.9246	.9070	.8900	.8734	.8573	.8417	.8264
3	.9706	.9423	.9151	.8890	.8638	.8396	.8163	.7938	.7722	.7513
4	.9610	.9238	.8885	.8548	.8227	.7921	.7629	.7350	.7084	.6830
5	.9515	.9057	.8626	.8219	.7835	.7473	.7130	.6806	.6499	.6209
6	.9420	.8880	.8375	.7903	.7462	.7050	.6663	.6302	.5963	.5645
7	.9327	.8706	.8131	.7599	.7107	.6651	.6227	.5835	.5470	.5132
8	.9235	.8535	.7894	.7307	.6768	.6274	.5820	.5403	.5019	.4665
9	.9143	.8368	.7664	.7026	.6446	.5919	.5439	.5002	.4604	.4241
10	.9053	.8203	.7441	.6756	.6139	.5584	.5083	.4632	.4224	.3855
11	.8963	.8043	.7224	.6496	.5847	.5268	.4751	.4289	.3875	.3505
12	.8874	.7885	.7014	.6246	.5568	.4970	.4440	.3971	.3555	.3186
13	.8787	.7730	.6810	.6006	.5303	.4688	.4150	.3677	.3262	.2897
14	.8700	.7579	.6611	.5775	.5051	.4423	.3878	.3405	.2992	.2633
15	.8613	.7430	.6419	.5553	.4810	.4173	.3624	.3152	.2745	.2394
16	.8528	.7284	.6232	.5339	.4581	.9396	.3387	.2919	.2519	.2176
17	.8444	.7142	.6052	.5134	.4363	.3714	.3166	.2703	.2311	.1978
18	.8360	.7002	.5874	.4936	.4155	.3503	.2959	.2502	.2120	.1799
19	.8277	.6864	.5703	.4746	.3957	.3305	.2765	.2317	.1945	.1635
20	.8195	.6730	.5537	.4564	.3769	.3118	.2584	.2145	.1784	.1486
21	.8114	.6598	.5375	.4388	.3589	.2942	.2415	.1987	.1637	.1351
22	.8034	.6468	.5219	.4220	.3418	.2775	.2257	.1839	.1502	.1228
23	.7954	.6324	.5067	.4057	.3256	.2618	.2109	.1703	.1378	.1117
24	.7876	.6217	.4919	.3901	.3101	.2470	.1971	.1577	.1264	.1015
25	.7798	.6095	.4776	.3751	.2953	.2330	.1842	.1460	.1160	.0923
26	.7720	.5976	.4637	.3604	.2812	.2198	.1722	.1352	.1064	.0839
27	.7644	.5859	.4502	.3468	.2678	.2074	.1609	.1252	.0976	.0763
28	.7568	.5744	.4371	.3335	.2551	.1956	.1504	.1159	.0895	.0693
29	.7493	.5631	.4243	.3207	.2429	.1846	.1406	.1073	.0822	.0630
30	.7419	.5521	.4120	.3083	.2314	.1741	.1314	.0994	.0754	.0573
35	.7059	.5000	.3554	.2534	.1813	.1301	.0937	.0676	.0490	.0356
40	.6717	.4529	.3066	.2083	.1420	.0972	.0668	.0460	.0318	.0221
45	.6391	.4102	.2644	.1712	.1113	.0727	.0476	.0313	.0207	.0137
50	.6080	.3715	.2281	.1407	.0872	.0543	.0339	.0213	.0134	.0085
60	.5504	.3048	.1697	.0951	.0535	.0303	.0173	.0099	.0057	.0033

기간이자율(r)

기간수 (n)	11%	12%	13%	14%	15%	16%	17%	18%	19%	20%
1	.9009	.8929	.8850	.8772	.8696	.8621	.8547	.8475	.8403	.8333
2	.8116	.7972	.7831	.7695	.7561	.7432	.7305	.7182	.7062	.6944
3	.7312	.7118	.6931	.6750	.6575	.6407	.6244	.6086	.5934	.5787
4	.6587	.6355	.6133	.5921	.5718	.5523	.5337	.5158	.4987	.4323
5	.5935	.5674	.5428	.5194	.4972	.4761	.4561	.4371	.4190	.4019
6	.5346	.5066	.4803	.4556	.4323	.4104	.3898	.3704	.3521	.3349
7	.4817	.4523	.4251	.3996	.3759	.3538	.3332	.3139	.2959	.2791
8	.4339	.4039	.3762	.3506	.3269	.3050	.2848	.2660	.2487	.2326
9	.3909	.3606	.3329	.3075	.2843	.2630	.2434	.2255	.2090	.1938
10	.3522	.3220	.2946	.2697	.2472	.2267	.2080	.1911	.1756	.1615
11	.3173	.2875	.2607	.2366	.2149	.1954	.1773	.1619	.1476	.1346
12	.2858	.2567	.2307	.2076	.1869	.1685	.1520	.1372	.1240	.1122
13	.2575	.2292	.2042	.1821	.1625	.1452	.1299	.1163	.1042	.0935
14	.2320	.2046	.1807	.1597	.1413	.1252	.1110	.0985	.0876	.0779
15	.2090	.1827	.1599	.1401	.1229	.1079	.0949	.0835	.0736	.0649
16	.1883	.1631	.1415	.1229	.1069	.0930	.0811	.0708	.0618	.0541
17	.1696	.1456	.1252	.1073	.0929	.0802	.0693	.0600	.0520	.0451
18	.1523	.1300	.1103	.0946	.0803	.0691	.0592	.0508	.0437	.0376
19	.1377	.1161	.0981	.0829	.0703	.0596	.0506	.0431	.0367	.0313
20	.1240	.1037	.0863	.0723	.0611	.0514	.0433	.0365	.0303	.0261
21	.1117	.0926	.0768	..0633	.0531	.0443	.0370	.0309	.0259	.0217
22	.1007	.0326	.0680	.0560	.0462	.0382	.0316	.0262	.0218	.0181
23	.0907	.0738	.0601	.0491	.0402	.0329	.0270	.0222	.0183	.0151
24	.0817	.0659	.0532	.0431	.0349	.0284	.0231	.0188	.0154	.0126
25	.0736	.0588	.0471	.0378	.0304	.0245	.0197	.0160	.0129	.0105
26	.0663	.0525	.0417	.0331	.0264	.0211	.0169	.0135	.0109	.0087
27	.0597	.0469	.0369	.0291	.0230	.0182	.0144	.0115	.0091	.0073
28	.0538	.0419	.0325	.0255	.0200	.0157	.0123	.0097	.0077	.0061
29	.0485	.0374	.0289	.0224	.0174	.0135	.0105	.0082	.0064	.0051
30	.0437	.0334	.0256	.0196	.0151	.0116	.0090	.0070	.0054	.0042
35	.0259	.0189	.0139	.0102	.0075	.0055	.0041	.0030	.0023	.0017
40	.0154	.0107	.0075	.0053	.0037	.0026	.0019	.0013	.0010	.0007
45	.0091	.0061	.0041	.0027	.0019	.0013	.0009	.0006	.0004	.0003
50	.0054	.0035	.0022	.0014	.0009	.0006	.0004	.0003	.0002	.0001
60	.0019	.0011	.0007	.0004	.0002	.0001	.00008	.00005	.00003	.00002

【정상연금 1원의 현재가치】 $$PA_n = \sum_{t=1}^{n} \frac{1}{(1+r)^t}$$

기간이자율(r)

기간수 (n)	1%	2%	3%	4%	5%	6%	7%	8%	9%	10%
1	0.9901	0.9804	0.9616	0.9615	0.9524	0.9434	0.9346	0.9259	0.9174	0.9091
2	1.9704	1.9416	1.9165	1.8861	1.8594	1.8334	1.8080	1.7833	1.7591	1.7355
3	.29410	2.8839	2.8286	2.7751	2.7232	2.6730	2.6243	2.5771	2.5313	2.4868
4	3.9020	3.8077	3.7171	3.6299	3.5460	3.4651	3.3872	3.3121	3.2397	3.1699
5	4.8534	4.7135	4.5797	4.4518	4.3295	4.2124	4.1002	3.9927	3.8897	3.7908
6	5.7955	5.6014	5.4172	5.2421	5.0757	4.9173	4.7665	4.6229	4.4859	4.3553
7	6.7282	6.4720	6.2303	6.0021	5.7864	5.5824	5.3893	5.2064	5.0330	4.8684
8	7.6517	7.3255	7.0197	6.7327	6.4632	6.2098	5.9713	5.7466	5.5348	5.3349
9	8.5660	8.1622	7.7861	7.4353	7.1078	6.8017	6.5152	6.2469	5.9952	5.7590
10	9.4713	8.9826	8.5302	8.1109	7.7217	7.3601	7.0236	6.7101	6.4177	6.1446
11	10.368	9.7868	9.2526	8.7605	8.3064	7.8869	7.4987	7.1390	6.8052	6.4951
12	11.255	10.575	9.9540	9.3851	8.8633	8.3838	7.9427	7.5361	7.1607	6.8137
13	12.134	11.348	10.635	9.9856	9.3936	8.8527	8.3577	7.9038	7.4869	7.1034
14	13.004	12.106	11.296	10.563	9.8986	9.2950	8.7455	8.2442	7.7862	7.3667
15	13.865	12.849	11.938	11.118	10.380	9.7122	9.1079	8.5595	8.0607	7.6061
16	14.718	13.578	12.561	11.652	10.838	10.106	9.4466	8.8514	8.3136	7.8237
17	15.562	14.292	13.166	12.166	11.274	10.477	9.7632	9.1216	8.5436	8.0216
18	16.398	14.992	13.756	12.659	11.690	10.828	10.059	9.3719	8.7556	8.2014
19	17.226	15.679	14.324	13.134	12.085	11.158	10.336	9.6036	8.9501	8.3649
20	18.046	16.351	14.877	13.590	12.462	11.470	10.594	9.8181	9.1285	8.5136
21	18.857	17.011	15.415	14.029	12.821	11.764	10.835	10.017	9.2922	8.6487
22	19.660	17.658	15.937	14.451	13.163	12.042	11.061	10.201	9.4424	8.7715
23	20.456	18.292	16.444	14.857	13.489	12.303	11.272	10.371	9.5802	8.8832
24	21.243	18.914	16.935	15.247	13.799	12.550	11.469	10.529	9.7066	8.9847
25	22.023	19.524	17.413	15.622	14.094	12.783	11.654	10.675	9.8266	9.0770
26	22.795	20.121	17.877	15.983	14.375	13.003	11.826	10.810	9.9290	9.1609
27	23.560	20.707	18.327	16.330	14.643	13.210	11.987	10.935	10.027	9.2372
28	24.316	21.281	18.764	16.663	14.898	13.406	12.137	11.051	10.116	9.3066
29	25.066	21.844	19.188	16.984	15.141	13.591	12.278	11.158	10.198	9.3696
30	25.808	22.397	19.600	17.292	15.373	13.765	12.409	11.258	10.274	9.4269
35	29.409	24.999	21.487	18.665	16.374	14.498	12.948	11.655	10.567	9.6442
40	32.835	27.356	23.115	19.793	17.159	15.046	13.332	11.925	10.757	9.7791
45	36.095	29.490	24.519	20.720	17.774	15.456	13.605	12.108	10.881	9.8628
50	39.196	31.424	25.730	21.482	18.256	15.762	13.801	12.233	10.962	9.9148
60	44.955	34.761	27.676	22.623	18.929	16.161	14.093	12.376	11.048	9.9671

기간이자율(r)

기간수 (n)	11%	12%	13%	14%	15%	16%	17%	18%	19%	20%
1	0.9009	0.8929	0.8850	0.8772	0.8696	0.8621	0.8547	0.8475	0.8403	0.8333
2	1.7125	1.6901	1.6681	1.6467	1.6257	1.6052	1.5852	1.5656	1.5465	1.5278
3	2.4437	2.4018	2.3612	2.3216	2.2832	2.2459	2.2096	2.1743	2.1399	2.1065
4	3.1024	3.0373	2.9745	2.9137	2.8550	2.7982	2.7432	2.6901	2.6386	2.5887
5	3.6959	3.6048	3.5172	3.4331	3.3522	3.2743	3.1993	3.1272	3.0576	2.9906
6	4.2305	4.114	3.9975	3.8887	3.7845	3.6847	3.5892	3.4976	3.4098	3.3255
7	4.7122	4.5638	4.4226	4.2883	4.1604	4.0386	3.9224	3.8115	3.7057	3.6046
8	5.1461	4.9676	4.7988	4.6389	4.4873	4.3436	4.2072	4.0776	3.9544	3.8372
9	5.5370	5.3282	5.1317	4.9464	4.7716	4.6065	4.4506	4.3030	4.1633	4.0310
10	5.8892	5.6502	5.4262	5.2161	5.0188	4.8332	4.6586	4.4941	4.3389	4.1925
11	6.2065	5.9377	5.6869	5.4527	5.2337	5.0286	4.8364	4.6560	4.4865	4.3271
12	6.4924	6.1944	5.9176	5.6603	5.4206	5.1971	4.9884	4.7932	4.6105	4.4392
13	6.7499	6.4235	6.1218	5.8424	5.5831	5.3423	5.1183	4.9095	4.7147	4.5327
14	6.9819	6.6282	6.3025	6.0021	5.7245	5.4675	5.2293	5.0081	4.8023	4.6106
15	7.1909	6.8109	6.4624	6.1422	5.8474	5.5755	5.3242	5.0916	4.8759	4.6755
16	7.3792	6.9740	6.6039	6.2651	5.9542	5.6685	5.4053	5.1624	4.9377	4.7296
17	7.5488	7.1196	6.7291	6.3729	6.0472	5.7487	5.4746	5.2223	4.9897	4.7746
18	7.7016	7.2497	6.8399	6.4674	6.1280	5.8178	5.5339	5.2732	5.0333	4.8122
19	7.8393	7.3658	6.9380	6.5504	6.1982	5.8775	5.5845	5.3162	5.0700	4.8435
20	7.9633	7.4694	7.0248	6.6231	6.2593	5.9288	5.6278	5.3527	5.1009	4.8696
21	8.0751	7.5620	7.1015	6.6870	6.3125	5.9731	5.6648	5.3837	5.1263	4.8913
22	8.1757	7.6446	7.1695	6.7429	6.3587	6.0113	5.6964	5.4099	5.1486	4.9094
23	8.2664	7.7184	7.2297	6.7921	6.3988	6.0442	5.7234	5.4321	5.1668	4.9245
24	8.3481	7.7843	7.2829	6.8351	6.4338	0.0726	6.7465	5.4509	5.1822	4.9371
25	8.4217	7.8431	7.3300	6.8729	6.4641	6.0971	5.7662	5.4669	5.1951	4.9476
26	8.4881	7.8957	7.3717	6.9061	6.4906	6.1182	5.7831	5.4804	5.2060	4.9563
27	8.5478	7.9426	7.4086	6.9352	6.5135	6.1364	5.7975	5.4919	5.2151	4.9636
28	8.6016	7.9844	7.4412	6.9607	6.5335	6.1520	5.8099	5.5016	5.2223	4.9697
29	8.6501	8.0218	7.4701	6.9830	6.5509	6.1656	5.8204	5.5093	5.2292	4.9747
30	8.6938	8.0552	7.4957	7.0027	6.5660	6.1772	5.8294	5.5168	5.2347	4.9789
35	8.8552	8.1755	7.5856	7.0700	6.6166	6.2153	5.8582	5.5386	5.2512	4.9915
40	8.9511	8.2433	7.6344	7.1050	6.6418	6.2335	5.8713	5.5482	5.2582	4.9966
45	9.0079	8.2825	7.6609	7.1232	6.6543	6.2421	5.8773	5.5523	5.2611	4.9986
50	9.0417	8.3045	7.6572	7.1327	6.6605	6.2463	5.8801	5.5541	5.2623	4.9995
60	9.0736	8.3240	7.6873	7.1401	6.6651	6.2491	5.8819	5.5553	5.2630	4.9999

찾아보기

| 아 |

| 자 |

| 차 |

| 타 |

▣ 저자소개

☞ 기 현 희

서울여자대학교(경영학전공, 경영학학사)
서울여자대학교 대학원(회계학전공, 경영학석사)
서울여자대학교 대학원(회계학전공, 경영학박사)
미국공인회계사
현) 호서대학교 경상학부 조교수

☞ 김 혜 경

동경대학교 (의학계연구과 국제보건학전공, 보건학박사)
일본학술진흥재단(JSPS) 특별연구원
동경도노인종합연구소(TMIG) 연구원
호서대학교 노인복지학 전공 전임강사
현) 나사렛대학교 사회복지학부 전임강사
동경대학교 의학계연구과 객원연구원

사회복지 회계입문

2006년 2월 25일 1판 1쇄 인쇄
2006년 2월 28일 1판 1쇄 발행

저 자 : 기현희 · 김혜경
발행인 : 김 동 규
발행처 : 교육과학사

서울특별시 마포구 아현1동 424-31
전화 (02) 363-6431~3 / FAX (02) 393-4366
Home-page : www.kyoyookbook.co.kr
등록 : 1970년 5월 18일 제2-73호

낙장·파본은 교환해 드립니다.
Printed in Korea.

정가 11,000 원
ISBN 89-8287-970-6